Conserver la couverture 1591

LE MONT-BLANC

par PAUL GUSSFELDT.

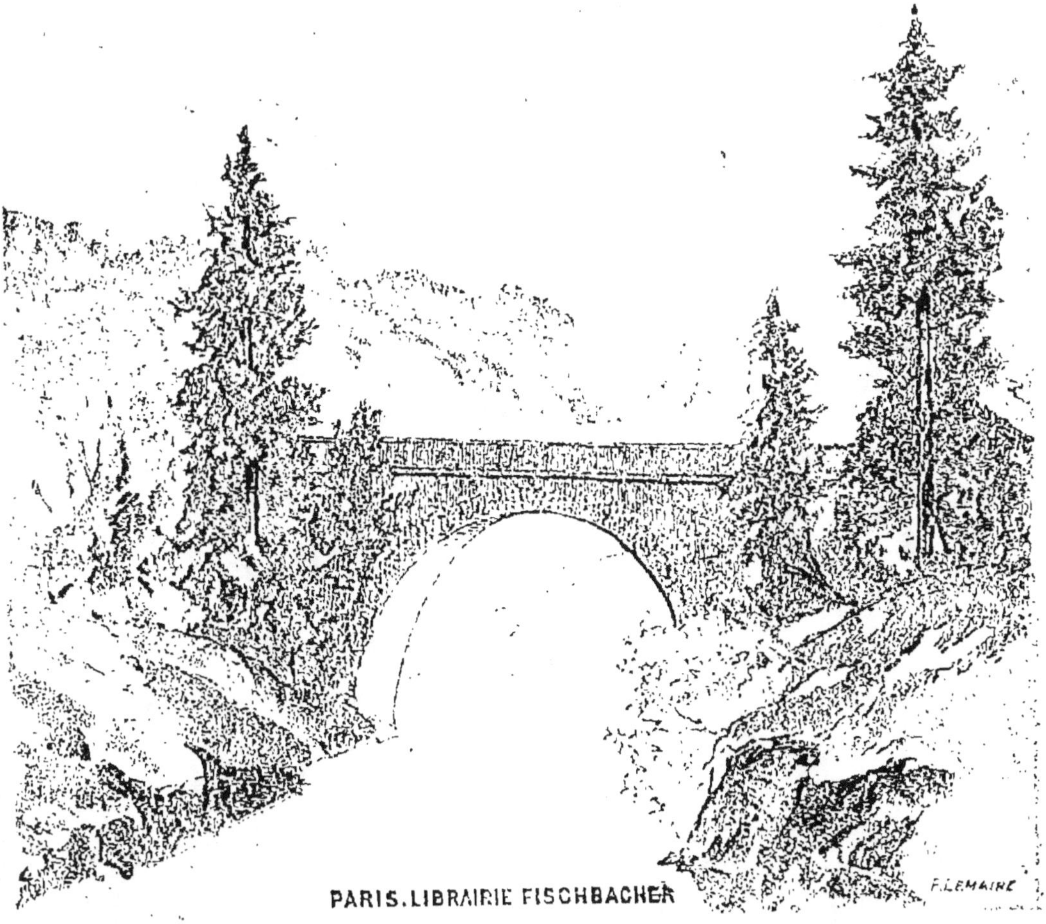

PARIS. LIBRAIRIE FISCHBACHER

P. G. DREHMANN ÉDITEUR GENÈVE

LK 7
33376

LE
MONT BLANC

IMP. MAURICE REYMOND & CIE, GENÈVE

PAUL GUSSFELDT

Membre honoraire du C. A. F.

LE MONT BLANC

ASCENSIONS D'HIVER ET D'ÉTÉ

ÉTUDES DANS LA HAUTE MONTAGNE

TRADUCTION DE D. DELÉTRA
Vice-Président du C. A. S. Section genevoise

PRÉFACE DE JOSEPH VALLOT
Directeur de l'Observatoire du Mont Blanc

AVEC SIX GRAVURES, UN DIAGRAMME ET UNE CARTE

GENÈVE
P. G. DREHMANN, LIBRAIRE-ÉDITEUR

1899

Tous droits réservés

TABLE DES MATIÈRES

TABLE DES ILLUSTRATIONS

A. *Vues.*

B. *Diagramme.*

C. *Carte.*

PRÉFACE

Il y a des personnes que j'ai rencontrées plusieurs fois dans la vie, mais jamais au-dessous de 4300 m. La rencontre a été courte, l'entretien n'a duré que peu d'heures, mais cela a suffi pour faire tomber entre eux et moi la barrière des nationalités, pour faire évanouir, en faveur de l'alpiniste, les rancunes de peuple à peuple qui nous séparent dans des régions plus hospitalières. M. Güssfeldt est de ceux-là.

« Il y a, dit-il dans son livre, une mystérieuse franc-maçonnerie internationale dont les adeptes sont dispersés sur tous les points du globe. Ils se reconnaissent aux premiers mots comme de la grande confrérie des *globe trotters* et l'entretien devient aussitôt libre et cordial. » Que de fois ai-je éprouvé ce sentiment pendant mes longs séjours au Mont Blanc.

Notre rencontre date de 1891. J'étais depuis quelques jours à l'observatoire du Mont Blanc, que je venais de faire agrandir; ma solitude avait été agréablement interrompue par l'arrivée d'alpinistes italiens qui, tout en acceptant ma modeste hospitalité, m'annoncèrent qu'un voyageur montait par le terrible passage du col de la Brenva.

Vers le soir, un cri joyeux retentit au dehors, et toutes les mains se tendirent en voyant entrer le guide Emile Rey. Il était suivi d'un voyageur d'un âge mûr, un peu fort, à l'aspect hérissé ; les crampons de fer qu'il avait aux pieds, faisaient penser vaguement à des mâchoires de crocodile, et ne contribuaient pas peu à lui donner un air rébarbatif.

Une certaine difficulté d'élocution causée par la grande fatigue et un accent tudesque prononcé, toujours douloureux à une oreille française, contribuaient à lui donner un abord peu sympathique.

Mais la scène changea bientôt, lorsqu'un frugal repas lui eut rendu toutes ses forces. Il me conta en quelques mots son ascension, l'escalade des pentes de glace vertigineuses, pendant des heures, avec des séracs menaçants mille mètres plus haut, puis la chute des séracs déterminant une formidable avalanche dans le couloir qu'ils venaient de quitter quelques instants auparavant; ensuite la lente, très lente ascension de la calotte du Mont Blanc, à la fin d'une journée si dure, et enfin l'expérience de l'ébullition de l'eau qu'il avait tenu à faire malgré la fatigue, dans le tun-

nel de glace du sommet, pour vérifier son baromètre.

Tout cela conté très simplement, sans fanfa-
ronnade, sans désir d'étonner par son sang-froid
ni de cacher ses angoisses dans les passages difficiles, avec une sincérité qu'on voudrait toujours
trouver chez les alpinistes de sommets.

Je compris alors que j'avais devant moi un voyageur éminemment sérieux, étudiant consciencieu-
sement la montagne, recherchant les passages
difficiles par goût de la difficulté à vaincre et
non par vantardise, avouant l'effroi des situations
critiques, mais sachant le surmonter par un
courage indomptable.

Un courant de sympathie s'établit entre nous;
je ne consentis pas à le laisser aller au refuge,
mais je fis dresser un lit sous mon toit après
qu'il eut fait une nouvelle expérience sur l'ébullition de l'eau.

Le lendemain, tandis qu'il descendait par l'Aiguille du Goûter, j'allais travailler au Mont
Maudit, et de là je pus voir, sur la terrible pente
de glace, ses traces balayées sur une énorme
longueur par la formidable avalanche, et je pus
me rendre compte de l'exactitude de son récit.

L'année suivante, en arrivant à l'observatoire,
je trouvais la carte de M. Güssfeldt, qu'il avait
déposée quelques jours auparavant; courtoise
visite de digestion à 4350 m. d'altitude.

Un an plus tard, j'étais occupé à un travail de topographie sur le Dôme du Goûter, lorsque je vis venir à moi une caravane, qui se détournait de sa route pour me serrer la main en passant : c'était encore le Dr Güssfeldt, avec Emile Rey et un porteur. Ils avaient couché à la cabane des Rochers Rouges, après avoir gravi le Mont Blanc en passant par l'Aiguille Blanche de Péteret. La chose était si extraordinaire que mes guides ne voulaient pas y croire ; mais le lendemain, mon travail topographique nous ayant conduits à l'extrémité de l'arête du Mont Blanc de Courmayeur, nous pûmes voir, sur des pentes de glace qu'on ne pouvait regarder sans frémir, des traces qui ne laissèrent subsister aucun doute dans leur esprit sur la réussite d'une entreprise qu'ils avaient crue impossible.

La lecture du livre de M. Güssfeldt m'a paru très attachante, et je ne l'ai pas cessée avant d'être arrivé au bout. Ce qui caractérise cette œuvre, ce sont les pensées philosophiques et les conseils pratiques qu'il renferme. Il semble tout d'abord que ce ne soit qu'un simple récit d'excursions qui, sous une forme très littéraire, décrit des ascensions de premier ordre, mais on s'aperçoit bientôt que, sans interrompre le récit, l'auteur a su y introduire de courtes digressions, dont l'ensemble forme un véritable petit traité d'alpinisme. M. Güssfeldt y exprime des idées sur le confort dans les campements, le vêtement en excursion. les effets de la raréfaction de l'air, la température des cimes. les rapports avec les guides. les difficultés des escalades selon la constitution de la roche, la visibilité des lointains et la distance à laquelle la vue peut s'étendre. les courses d'hiver, les courses sans guides. la technique de la grimpée. la jouissance que procure le danger. l'activité du cerveau dans les grandes altitudes. le contrôle des anéroïdes. la respiration en montant. et bien d'autres sujets qui ne me reviennent pas à la mémoire. Ces courtes digressions enlèvent au récit ce qu'il pourrait avoir de trop personnel et tiennent l'attention du lecteur sans cesse en éveil.

Ce qui frappe surtout. c'est la sincérité et la *pondération* de l'auteur. qui n'émet que des idées justes et inspirées par une longue pratique des hautes régions. Enfin. M. Güssfeldt a un talent tout particulier pour les descriptions géographiques, il sait caractériser en quelques lignes l'ossature d'une montagne ou le panorama d'un sommet. sans fatiguer le lecteur par une nomenclature fastidieuse.

La forme littéraire dont le traducteur a revêtu cet ouvrage n'en est pas un des moindres attraits et le public français saura gré à M. le pasteur Delétra de lui faciliter la lecture d'un livre, à laquelle les alpinistes trouveront certainement autant de plaisir que j'en ai trouvé moi-même.

J. VALLOT.

NOTICE SUR L'AUTEUR

Le Dr Paul Güssfeldt est un représentant d'une profession toute moderne, pour laquelle notre langue a dû emprunter à l'anglais un nom spécial. celui de *globe-trotter*. C'est un grand voyageur sous la voûte des cieux! il a même donné de l'ampleur à cette profession. Le globe-trotter proprement dit se contente de parcourir les continents en tout sens, d'avaler non des kilomètres, mais des degrés de latitude ou de longitude. Le Dr Güssfeldt ajoute à l'exploration horizontale des changements de niveau d'une importance considérable. Le voici bientôt au bord de la mer c'est-à-dire à zéro mètre d'altitude, tantôt à 5400 m.. voire même à 6565 m. sur le Maïpo ou l'Aconcagua.

En outre le simple globe-trotter voyage pour passer le temps et parcequ'il a l'humeur vagabonde : c'est un déraciné, qui ne peut tenir en place. Le Dr Güssfeldt voyage en observateur qui a reconnu, avec la sagesse des nations, que les voyages forment la jeunesse... et les autres âges de la vie.

Bien différent de ces naturalistes enfermés dans une étroite spécialité, qui collectionnent des cailloux ou des insectes, et ne voient dans l'univers qu'insectes et cailloux, il observe avec l'attention éveillée du vrai curieux. Il observe tout ce qui s'offre à ses regards, la terre et le ciel, les flocons de neige et les rochers, les fleurettes et les séracs, les hommes et l'homme. Enfin il s'observe lui-même, s'étudie, se regarde haleter le long des rocs verglassés ou flâner sur les douces et verginales ondulations des sommets neigeux. Il regarde et, les doigts roidis par la gelée, il note sur place ses états d'âme à côté de la pression barométrique. Son livre est par là tout à la fois très personnel et très objectif, très humain et très alpestre.

Né à Berlin en 1840, l'auteur a poussé ses études universitaires jusqu'au grade de docteur en philosophie, obtenu à Bonn en 1865. Tôt après il visite l'Italie et la Sicile, enseigne quelque temps les mathématiques à l'université de Bonn, puis s'en va, en 1869, assister à l'ouverture du canal de Suez. Il passe l'été de 1871 en Angleterre et en Ecosse puis entreprends de 1873 à 1875, un voyage scientifique au Congo, comme chef de l'expédition allemande à Loango.

L'année suivante il séjourne en Egypte et explore, en compagnie du célèbre Dr Schweinfurth, les déserts à l'Orient de ce pays dans lesquels se trouve un couvent copte qui passe pour le plus ancien de la chrétienté.

En 1882 et 1883 il visite le Chili et les massifs les plus élevés de la Cordillère. Le 19 janvier 1883 il parvient, sans aucun compagnon, au sommet du Maïpo (5400 m.) et plus tard, escorté d'un seul Chilien, il s'élève jusqu'à 6565 m. sur les flancs de l'Aconcagua, soit à 400 m. de la plus haute cime.

Au cours de cette exploration le Dr Güssfeldt fit, par les voies de l'astronomie, de nombreuses déterminations topographiques, mesura, par la trigonométrie et à l'aide du baromètre à mercure, l'altitude de beaucoup de points et recueillit une gande quantité de photographies. L'Académie royale de Prusse reçut la première communication des résultats de ce voyage et en ordonna l'impression.

En 1892, le Dr Güssfeldt est nommé directeur du Séminaire de langues orientales à l'université de Berlin; il est chargé en même temps de l'enseignement des sciences naturelles dans ce séminaire. Ses cours sur l'introduction à l'étude des sciences naturelles et sur les méthodes astronomiques et géographiques des lieux le conduisent à établir en vue de son enseignement, une collection d'instruments de physique qui obtenait une médaille à l'Exposition universelle de Chicago.

Il fit enfin, de 1888 à 1897, divers voyages en Norvège et en Suède, à la suite de l'empereur Guillaume II. En 1895, probablement à l'occasion de son livre sur le Mont Blanc, il fut nommé membre honoraire du Club Alpin français.

Ses principaux ouvrages sont : *l'Expédition de Loango*, Leipzig 1879. — *Dans les grandes Alpes,* 3 éditions. Berlin 1886. — *Voyage dans les Andes*, Berlin 1886. — *L'Education de la jeunesse allemande*, 3 édit. Berlin 1890. — *Voyages de l'Empereur Guillaume II en Norvège*, 2 édit. Berlin 1892. — *Le Mont Blanc*, Berlin 1894. — Diverses brochures, dissertations et articles de revues.

Au cours d'une trentaine de voyages, le Dr Güssfeldt a gravi, parfois en hiver, tous les principaux sommets du massif du Mont Blanc, des Alpes Graies, Pennines et Bernoises, des montagnes des Grisons et du Tyrol, voire même des Pyrénées. Il a atteint, en 1898, le plus haut sommet de cette dernière chaîne, le Pic Aneto.

Cette longue et glorieuse carrière d'alpiniste n'a été marquée que par deux ou trois légers accidents. Précipité le 5 septembre 1869 par une chute de séracs dans une crevasse du Glacier de Morteratsch, il s'en tira lui-même sans le secours de personne. Plus tard, en 1889 au Lyskamm et en janvier 1891 au Grand Paradis il eut les doigts gelés et en souffrit plusieurs mois. Cela montre à la fois sa grande prudence et son extrême endurance.

Deux cols de haute difficulté, l'un au Cervin, l'autre à la Barre des Ecrins portent son nom en mémoire de passages accomplis pour la première fois, dont le premier ne l'a été jusqu'ici que par lui.

Ces quelques détails nous paraissent de nature à faire apprécier la notoriété de l'auteur. Nous croyons pouvoir ajouter que si l'ouvrage que nous présentons aujourd'hui au public de langue française reçoit un accueil favorable, l'éditeur entreprendra peut-être dans la suite de faire traduire quelques autres portions des écrits du Dr Güssfeldt.

D. D.

EXCURSIONS D'HIVER
DANS LE MASSIF DU MONT BLANC
ET LES ALPES GRAIES

LES ALPES DE LA VALLÉE D'AOSTE ET LE MASSIF DU MONT BLANC

I

Est-il possible d'atteindre en hiver les cimes les plus élevées des Alpes ? On ne saurait se borner à répondre simplement *oui* ou *non*. En fait, beaucoup de sommets dépassant 4000 mètres ont été gravis pendant la saison froide, principalement dans les Alpes bernoises. En janvier 1889, des Piémontais ont fait la traversée du Mont Blanc. Partis de Courmayeur, ils ont atteint le versant savoisien par la route dite des Rochers du Mont Blanc, et sont descendus à Chamonix par les Grands Mulets. Enfin, comme on le verra plus loin, les Jorasses et le Grand-Paradis ont été gravis en janvier 1891.

Autant que je puis le savoir, ce n'est que tout récemment que certaines catastrophes

se sont produites au cours de ces ascensions
d'hiver. L'immunité des premières tentatives s'explique en partie par le fait qu'au
début les expéditions de ce genre n'ont été
conçues et exécutées que par des alpinistes
expérimentés ; en outre, le succès doit être
attribué à des séries de beaux jours. En effet,
les régions dans lesquelles se sont effectuées
jusqu'ici la plupart des ascensions d'hiver
jouissent souvent en cette saison d'un beau
temps continu.

Le Mont Blanc et les chaînes voisines ne
jouissent pas de conditions aussi favorables.
Les phénomènes météorologiques s'y montrent au contraire plus violents et plus ca-
pricieux qu'ailleurs. M. Vittorio Sella s'en est
aperçu au Mont Blanc et moi-même aux Jorasses. C'est pour cela sans doute que ces
deux sommets sont les seuls du grand massif
qui aient été atteints en hiver.

Mon expédition m'a permis de comparer
la physionomie de la haute montagne dans
les deux saisons extrêmes. J'entreprends aujourd'hui de mettre cette comparaison sous
les yeux du lecteur et de lui dépeindre le
caractère des grandes ascensions en hiver.

En dépit de bien des difficultés et des

contretemps, il me fut possible de mener à bien mon entreprise. Réussirai-je également à en donner la description ? Cela touche au domaine de l'art. Il s'agit de faire revivre des impressions, des sensations intimes et profondes et les réflexions qu'elles ont fait naître, puis de mettre quelque harmonie en ces éléments divers. Toute œuvre d'art est soumise aux mêmes conditions, quelle que soit la matière, argile, sons, couleurs ou langage, dont on la doit pétrir.

Le touriste, lui aussi, quand il échange le bâton contre la plume, doit se préoccuper des conditions artistiques de son entreprise. Peut-être réussira-t-il alors, au prix de bien des peines, à la mener à bonne fin, c'est-à-dire à rendre visibles pour le lecteur les trésors amassés dans son âme.

II

On se représente volontiers la haute montagne comme une région ensevelie dans
un linceul de glace. Plus on la fréquente,
plus on triomphe de ses rigueurs, plus au
contraire la mobilité de ses aspects donne
l'impression d'une individualité vivante qui
se dissimule sous un voile de mystère. En
partant de ce point de vue qui a donné
naissance aux nymphes et aux naïades de
l'antiquité, chaque phénomène de mouvement apparaît comme une manifestation de
la vie. Au lieu d'une tête de Méduse aux
traits éternellement rigides, on a devant soi
un visage dont l'expression change de saison en saison, se modifie même de jour en
jour.

Quelle peut être la physionomie de la haute
montagne en hiver? Cette question resta
longtemps pour moi sans réponse. Mes
ascensions avaient toujours eu lieu en été ou
en automne. Les dernières s'étaient effec-

tuées en septembre 1890, dans le champ même que j'allais explorer de nouveau.

Les excursions dans la haute montagne laissent après elles des impressions qui varient suivant la personnalité du touriste. Mais personne ne les aborde avec indifférence, car elles exigent un effort musculaire considérable. Elles apportent aux uns de la joie, aux autres de la souffrance. Plus d'un y va conquérir la légitime fierté que laisse après elle toute dépense d'énergie ; pendant son ascension, ce touriste-là se réjouira surtout à la pensée de l'avoir achevée. Pour le sportsman proprement dit, le sport, c'est-à-dire le plaisir, ne commence qu'avec le danger dont son habileté sait triompher.

Un autre attrait des hautes grimpées réside dans l'impression esthétique produite par le paysage ; celui-ci se montre sous des aspects toujours nouveaux et que l'altitude rend fort différents de ceux auxquels on est habitué. La contemplation de vastes et lointains massifs, ou des profondes dépressions du voisinage excitent d'autant plus notre admiration que ces spectacles sont moins communs. C'est l'impression intensive que produit la beauté rarement contemplée.

Enfin, les grandes ascensions participent au charme spécial des voyages de découverte, qui est d'apprendre par les yeux. Les connaissances ainsi acquises nous sont particulièrement chères en souvenir des efforts et des dangers qui en ont souvent accompagné la conquête.

Mais toutes ces jouissances que procure la haute montagne ne peuvent être ressenties que par celui qui a le don d'aimer la nature et de se plaire à en étudier les innombrables phénomènes. Ce double sentiment fut le compagnon inséparable de mes courses et de mes recherches, et cela dès mes premières ascensions. Au cours des heures tour à tour agréables et difficiles, je sentais naître et grandir en moi l'intelligence des multiples phénomènes qui se rattachent à ces trois éléments, le rocher, la neige et la glace, dans leurs groupements si divers et dans les actions qu'ils exercent les uns sur les autres. L'éclat du soleil dans un ciel d'azur, les poussières de neige, les nuées, l'ouragan, les ponts de glace, les chutes de pierres, après avoir frappé mon imagination, m'ont conduit à la connaissance des actions météorologiques et mécaniques qui se produisent dans le domaine alpestre. Pendant une période de plus de trente ans, j'ai senti s'accroître en moi la passion d'apprendre par les yeux.

En dépit de toutes les sources de renseignements, je ne parvenais pas à percer le mystère des ascensions hivernales. Lorsque je quittai Berlin le 6 janvier 1891, je ressentis les mêmes impressions que dans ma jeunesse à la veille d'un voyage d'exploration. L'attrait de l'inconnu, le goût des aventures se déchaînaient de nouveau dans mon cœur. L'éventualité des dangers à courir évoquait à mes yeux de sombres visions que l'espoir entremêlait de couleurs plus riantes. Mais l'impatience d'arriver sur les lieux l'emportait bientôt sur toute autre sensation.

Je ne m'étais assigné aucun programme précis ; j'avais simplement jeté les yeux sur certaines régions du domaine alpestre, le massif du Mont Blanc et les Alpes Graies. Mon quartier général devait être Courmayeur, bourg piémontais où l'on parle français bien qu'on soit sur terre d'Italie. Je devais y rencontrer Emile Rey, le guide bien connu auquel j'avais annoncé mon arrivée en ajoutant : « Nous ne ferons ni des bêtises, ni des choses vulgaires. » Le lecteur verra si nous avons été fidèles à ce mot d'ordre.

Le débutant seul prend plaisir à arrêter avant le départ la liste de toutes les étapes et entreprises du voyage. Il tire sur lui-même une lettre de change qu'il ne pourra acquitter qu'à l'étranger. Cette méthode, lorsqu'il s'agit de la haute montagne, conduit à de fréquents mécomptes, parce que les aptitudes plus ou moins grandes des excursionnistes ne résistent pas toujours à des conditions atmosphériques exceptionnellement mauvaises. Il importe donc de pouvoir se plier aux circonstances, d'être prêt à tout, et de saisir l'instant propice pour tenter une expédition au cours de laquelle on ne cessera d'ouvrir l'œil et de veiller au grain. L'essentiel, ce sont les spectacles et sujets d'étude que vous apporte une course. Peu importe après cela que cette course figure sur le programme ou non.

Chacun sait trouver sur la carte le Mont Blanc et le massif auquel il donne son nom. Mais ni description ni contemplation directe ne suffisent pour donner une idée nette de la charpente, des ramifications et des différents groupes des Alpes. Il faut pour cela

un relief ou plus simplement une carte. Les
cartes mettent en lumière la complexité de
chaque groupe, et permettent en même temps
de comparer les Alpes avec les autres montagnes de l'Europe. Les Alpes apparaissent
alors comme une cathédrale dominant les
maisons d'habitation.

L'étude des cartes, complétée par l'inves-
tigation directe, a permis de diviser le domaine alpestre en un certain nombre de
groupes distincts dont on a déterminé les
limites et les points de raccordement. Cette
division qui repose non sur la nature des
roches, mais sur le relief extérieur, se
nomme division orographique. Les limites
de chaque groupe sont constituées par le
cours des rivières ou par des sections de ce
cours et par des cols. Pour établir judicieu-
sement ces divisions, il faut avoir le sens et
l'intelligence des groupements naturels. On
évitera avec soin de pousser la division jusqu'à l'émiettement. Trop diviser serait vouloir décomposer une mosaïque en chacun
des petits morceaux qui la composent plutôt
que de s'en tenir aux contours des objets
qu'elle doit représenter.

Il est une certaine ligne dans les Alpes

qui, depuis deux cents ans et plus, a joué
un rôle marquant dans le commerce, la civilisation et l'histoire. Cette ligne commence
dans le voisinage de Nice; elle se déploie successivement vers le nord, le nord-est, l'est
et le sud-est, en un vaste arc de cercle hérissé de hauts sommets et coupé de cols
couverts ou non de neiges éternelles; elle
se termine enfin près de Trieste. Elle est
constituée par les lignes de faîte, soit de différents massifs alpestres, soit de contreforts
qui relient ces massifs entre eux; elle sépare le bassin de la Mer Adriatique de ceux
de la Mer du Nord, de la Mer Noire et de la
Méditerranée; elle est traversée par d'an-
tiques voies de communication parcourues
péniblement à pied jadis, puis à dos de cheval, de mulet et même d'éléphant, plus con-
fortablement aujourd'hui en wagon.

Les principaux cols par lesquels on franchit cette ligne sont le Mont Cenis, le Petit
et le Grand Saint-Bernard, le Simplon, le
Saint-Gothard, le Splugen, le Septimer, le
Stelvio, le Brenner. A l'exception du dernier
qui s'abaisse à 1362 mètres, ils dépassent
tous 2000 mètres. La plupart sont entre 2000
et 2200 mètres. Le Septimer atteint 2311 mè-

tres, le Grand Saint-Bernard 2472 mètres, le Stelvio 2760 mètres.

Pour qui venait du nord, ces cols furent de tout temps la porte de la terre promise, de la plantureuse plaine italienne. En les franchissant, on courait à son bonheur ou à sa perte. Plus d'un jeune cœur a battu au premier aspect des contrées méridionales. Annibal, les empereurs allemands, le Corse redoutable ont passé par là. Que de plans gigantesques se sont sans doute agités dans ces cerveaux de conquérants alors que le fracas des armées en marche venait troubler le silence des hauts plateaux !

On comprendra facilement que la ligne de séparation des eaux ne peut être assimilée à une ligne de faîte unique et continue, d'autant plus qu'une telle ligne de faîte n'existe pas en réalité et que le domaine alpestre doit être divisé, d'après son relief extérieur, en un certain nombre de massifs distincts. Quelques-uns même de ces massifs n'ont rien à faire avec la ligne de séparation des eaux. Telles sont les Alpes bernoises qui se déversent à la fois dans la Mer du Nord et dans la Méditerranée ; les Alpes du Dauphiné qui appartiennent entièrement au bassin du

Rhône ; le massif du Grand Paradis qui est tributaire du Pô exclusivement ; les Alpes Glaronnaises dont tous les cours d'eau se déversent dans le Rhin.

Il faut remarquer néanmoins qu'à l'exception des Alpes bernoises, ce sont bien les grands massifs qui forment la ligne principale de séparation des eaux. La ligne de faîte de ces massifs se confond alors en entier ou en partie avec la limite des bassins fluviaux. Dans le groupe du Mont Blanc, la crête qui va du Col de la Seigne au Mont Dolent est à la fois ligne de faîte et de séparation des eaux. A partir du Mont Dolent, la double ligne se dirige vers le Grand Saint-Bernard par le col Ferret, et se continue le long du faîte des Alpes Pennines jusqu'au Mont Rose en passant par le Cervin.

Ces observations comme celles qui vont suivre ne seront comprises que la carte en main. On ne peut chevaucher sans monture ni décrire sans carte, et de même que le bon cavalier fait le bon cheval, de même aussi une bonne description rend la carte plus explicite. Les récits de voyage ne sont pas de simples exercices de style ; ils ressemblent à une pièce de théâtre et veulent des coulisses. Veuille donc le lecteur déployer la carte et nous suivre sur notre terrain de manœuvre.

Quelque brisée que puisse être la ligne de faîte d'un massif déterminé, elle se laisse néanmoins ramener à une direction moyenne, sorte d'axe, autour duquel se groupent les chaînons divers. Cet axe se confond généralement avec la ligne de séparation des eaux. Les parties les plus occidentales des Alpes affectent seules, dans leurs embranchements, une disposition divergente semblable à la queue déployée d'un paon.

La ligne formée par les Alpes se brise au Mont Blanc. Venant du sud, elle s'infléchit dès lors vers l'est. La chaîne qui est au sud du Mont Blanc se nomme massif d'Iseran ou Alpes Graies; elle a elle-même un embranchement oriental qui est le massif du Grand Paradis. Ce dernier groupe, ainsi que les Alpes Graies, le Mont Blanc et les Alpes Pennines dessinent ensemble un arc de cercle ouvert du côté de l'est. Dans l'ouverture de ce cercle se creuse un canal d'écoulement des eaux qui, partant du Mont Blanc, se dirige à l'est en une ligne brisée vers la plaine du Pô. Ce canal est en réalité une large vallée que parcourt la Doire Baltée. Dans sa partie supérieure, sur une longueur de 70 kilomètres, cette vallée porte le nom de Val d'Aoste. Ce nom est celui de la ville principale, dans laquelle des édifices bien conservés attestent aujourd'hui encore la domination romaine et la destruction de la population autochtone, les Salasses.

En été, la vallée d'Aoste resplendit sous l'éclatante parure de la végétation italienne. Des châtaigniers, des noyers et autres arbres fruitiers l'ombragent. Le raisin mûrit sur ses coteaux brûlés du soleil, et même au fond de la vallée. Sur des rochers escarpés se dressent de blanches églises et les ruines des anciens châteaux de la noblesse qu'occupent parfois aujourd'hui des paysans. Sur les hauteurs et dans la vallée des fermes et des villages construits en maçonnerie portent à chaque fenêtre, chaque porte et chaque toit le cachet du pays italien, et cela en dépit du voisinage de la Suisse et de la France. Ils sont caractéristiques, ces Italiens ! Que l'on arrive d'Egypte par Brindisi, ou que, descendant le Saint-Gothard, on suive le cours du Tessin, tout ce que l'on voit, depuis la physionomie des gens jusqu'à leurs habitations, leurs églises et leurs boutiques, tout vous dit avec une égale netteté, — c'est l'Italie.

Et cependant les habitants du val d'Aoste parlent français et ne sont pas italiens d'origine. Sans posséder des connaissances spéciales en ethnographie, on peut se rendre compte que dans certains coins perdus des vallées alpestres doivent s'être conservés quelques restes, relativement purs, des races qui, partout ailleurs, se sont fondues dans le grand mélange des peuples. Les habitants du val d'Aoste sont vraisemblablement un reste de la pure race celtique.

Le cirque de montagnes qui entoure le val d'Aoste s'ouvre vers l'est et ressemble à un fer à cheval dont la courbure antérieure se trouve à l'ouest, vers le col de la Seigne. La branche de droite du fer à cheval se déploie donc au nord de la ligne formée par les gracieux méandres de la Doire Baltée. La branche de gauche se trouve au sud de la même ligne. Chacune de ces branches a de quatre-vingt-dix à cent kilomètres de long. Sur le bras septentrional, non loin de la courbure, se trouve le massif du Mont Blanc, auquel font suite les Alpes Pennines jusqu'au Mont Rose. Le bras méridional

est formé par les Alpes Graies et le massif
du Grand Paradis. Ces deux derniers groupes, bien qu'ils atteignent 3500 et 4061 m.,
restent bien au-dessous de la branche septentrionale, dont les géants ne sont dépas-
sés par aucun autre massif des Alpes.

Dans le val d'Aoste, presque toutes les
vallées latérales vont se perdre dans les neiges éternelles. Les cols les plus bas, à savoir le Grand et le Petit Saint-Bernard, le col
de la Seigne et le col Ferret, sont seuls libres
de neige en été. Dans la Doire Baltée se mé-
langent les eaux de fonte des glaciers de la
Grivola, du Grand Paradis, du Mont Blanc,
des Jorasses, du Cervin, du Lyskamm et du
Mont Rose. Le Rhône seul pourrait peut-être
se targuer d'une aussi haute extraction.

A la branche méridionale du fer à cheval
appartiennent les vallées latérales de Cogne
et de Savaranche qui étreignent entre leurs
bras le Grand Paradis. La branche nord possède le val Gressoney, par où l'on pénètre
dans le cirque formé par le Lyskamm et les
pointes méridionales du massif du Mont
Rose. Dans les localités les plus élevées
du val Gressoney on parle allemand; la
Zumstein-Spitze tire son nom de celui

d'une famille de Gressoney. Une autre vallée
bien connue de la branche septentrionale du
fer à cheval est le val Tourmanche, qui remonte du sud au nord jusqu'au pied du Cervin. A une altitude supérieure, non loin
d'Aoste, vient déboucher une troisième vallée latérale qui sert de déversoir à une partie considérable des Alpes Pennines. Cette
vallée se bifurque au-dessus d'Aoste ; l'un
de ses bras s'étend vers le nord-ouest
jusqu'au Grand Saint-Bernard; l'autre remonte au nord-est vers le col de Valpelline
(3560 m.), l'un des passages de glacier les
plus élevés d'entre ceux qu'on pratique fréquemment.

Les sources proprement dites de la Doire
Baltée sont les trois torrents qui descendent du col Ferret (2536 m.), du col de la
Seigne (2512 m.), et du Petit Saint-Bernard
(2188 m.), et se réunissent à Pré-Saint-Didier.
Les vallées qui aboutissent aux deux premiers de ces cols, à savoir le val Ferret et
le val Véni, se dirigent en ligne droite l'une
vers l'autre. Elles reçoivent les eaux du versant italien du Mont Blanc et se rencontrent
près d'Entrèves (1300 m.), où elles donnent
naissance à la vallée de Courmayeur (1215 m.).

De là à Pré-Saint-Didier la chute de la rivière est de 200 mètres.

J'ai parcouru en tous sens les vallées de la région d'Aoste. A travers leurs forêts et leurs bois de châtaigniers, de sapins, de mélèzes, leurs pâturages et leurs éboulis, j'ai gravi leur couronne de montagnes, j'ai franchi les cols qui les relient à la France et à la Suisse. En sens inverse, je suis descendu le long des rives de la Doire Baltée.

Presque toutes mes entreprises dans cette région furent marquées par des difficultés. Les impressions grandioses du paysage restent accompagnées pour moi du souvenir des dangers surmontés, de l'énergie déployée et de la protection divine. Cette contrée m'était donc devenue familière ; elle est aussi la patrie du guide Emile Rey. Ces deux raisons me l'ont fait choisir pour théâtre de mes expéditions d'hiver.

III

Je me rendis à Aoste par Bâle, Lucerne,
le tunnel du Gothard, le lac Majeur, Novare, Chivasso et Ivrée. A Ivrée, la Doire
Baltée sort de la région montagneuse et fait
son entrée dans la plaine du Pô.

Mon voyage s'effectua pendant la période
la plus froide d'un hiver rigoureux. Lucerne
m'apparaît glacée et déserte ; son lac est gris.
Sur le pont de la Reuss, un homme donne à
manger aux mouettes et s'amuse à leur faire
attraper les morceaux au vol. Il m'apprend
que plusieurs espèces d'oiseaux du nord que
l'on n'avait jamais vus auparavant, se sont mon-
trés cette année-là, et que les canards sauvages sont arrivés en si grand nombre que la
chasse a été ouverte exceptionnellement en
leur honneur. Autant d'indices de la rigueur
de cette saison !

L'aspect d'un lac suisse en hiver n'a aucun rapport quelconque avec ce que l'on voit
en été. La douce et fraîche brise est devenue

un vent humide et glacial. Des escadrons
de nuées, ou bien encore les sombres colorations propres à la mer Morte, rempla-
cent les images d'un bleu vert qui se réflé-
taient dans l'eau. Le brouillard semble fixé
aux parois des rochers comme une tente
à ses piquets, et ne laisse passer aucun
rayon de soleil. Tel m'apparaît le célèbre lac
des Quatre-Cantons. Il me faut laisser derrière moi le lac, berceau des brouillards, et
pénétrer par Fluelen dans l'étroite gorge de
la Reuss qui conduit au Gothard pour commencer à entrevoir le bleu ciel d'hiver dans
lequel les sommets alpestres se montrent
avec la même splendeur qu'en été.

Un double sujet d'admiration s'offre au
voyageur dans la vallée de la Reuss ; d'une
part le génie de l'homme qui a tracé l'une
des plus admirables d'entre les voies ferrées ;
d'autre part l'œuvre merveilleuse de la création, étincelante alors sous sa fourrure d'hiver. Les petits ravins de la montagne sont
remplis de glace bleuâtre, et ce même lam-
bris éclatant revêt mainte paroi de rocher ;
ces tentures de glace deviennent peu à peu
le trait caractéristique du paysage. Les taches
sombres des forêts de sapins et les teintes

gris brun des rochers dénudés modèrent seules l'éclat intense des vastes surfaces de neige. Tandis qu'à droite et à gauche, en cascades figées, l'eau dort de son sommeil d'hiver, au fond de la vallée elle court encore, petit ruisseau noir, qui devient en été la Reuss mugissante.

Un tunnel n'attend pas l'autre. La lourde machine entraîne wagons et voyageurs tantôt dans les entrailles de la terre, tantôt sur des courbes aériennes.

Nous voici au-dessus de la rivière et l'instant d'après sur ses bords. On croit tour à tour monter la vallée et la descendre. Au milieu de ces alternatives, nous atteignons le village de Göschenen où commence le grand tunnel. Les quinze kilomètres du souterrain prennent dix-huit minutes pendant lesquelles on roule avec tintamarre par une chaleur croissante à travers un morceau de l'écorce terrestre qui écrase parfois de ses quelque deux kilomètres d'épaisseur les petits grains de poussière humaine que nous sommes. De temps en temps apparaissent des lumières après lesquelles l'obscurité semble redoubler. Enfin voici le jour qui nous arrive par la porte méridionale du tunnel et le train s'arrête à Airolo.

Le paysage d'hiver prend maintenant un tout autre aspect. Les cascades glacées aux transparences bleu verdâtre se montrent plus nombreuses. Les forêts de sapins disparaissent, ou ne sont plus que des îlots épars. La couche de neige est plus mince. De nombreuses pentes en sont dégarnies. En arrière apparaît le blanc massif du Gothard dont les contours sont d'une beauté imposante.

La descente fait admirer le génie des ingénieurs. Elle est rapide, et la vallée, de plus en plus large et plate, se montre entièrement libre de neige. Voici Biasca! Le fond d'une vallée latérale de gauche, ainsi que les sources du Tessin, apparaissent entourés d'une chaîne pittoresquement découpée. La stratification très visible des roches et les masses de glace bleuâtre ressortant sur les teintes brunes des gorges latérales rappelleraient les paysages norvégiens, si de vastes coteaux plantés de vigne ne venaient interdire tout rapprochement de ce genre.

A l'altitude de trois cents mètres on s'aperçoit à peine que l'on descend vers le lac Majeur, situé lui-même à deux cents mètres au-dessus de la mer. Quelques rares voiles animent la surface de ce lac qui, vu à la tombée de la nuit, me laisse une impression plutôt triste. Quel contraste avec l'éclat incomparable dont il brillera au prochain printemps.

Mon voyage, interrompu à Novare, est repris le lendemain. Pendant la nuit, une épaisse couche de neige a recouvert la plaine piémontaise sur laquelle s'étend un ciel désolé. Au-dessus d'Ivrée, lorsqu'on entre de nouveau dans la région montagneuse, le mauvais temps continue ; dans la vallée de la Doire on n'aperçoit que les pentes inférieures, et je me sens oppressé sous leurs lignes fuyantes recouvertes de neige. Que sera-ce dans les grandes altitudes ?

Cependant, à Aoste, la neige cesse. Au fond de la vallée qui mène au Grand Saint-Bernard, la silhouette d'un haut sommet se dessine sur un ciel bleu, dans une déchirure des nuages. Sur le quai de la gare voici venir Emile Rey dont j'ai pris congé il y a quatre mois à peine.

La situation change instantanément au dedans comme au dehors. Les sombres pensées font place à l'espoir. Les épaisses nuées s'entr'ouvrent et laissent voir les montagnes qui ne semblent plus inaccessibles. La morne tristesse des heures de chemin de fer est oubliée et nous nous acheminons allégrement vers la ville, babillant comme des écoliers en vacances.

A l'extrémité supérieure de la ville d'Aoste, sur la route qui conduit à Courmayeur et au Petit Saint-Bernard, se trouve l'hôtel du Mont Blanc. J'avais souvent recherché, durant la brûlante chaleur des jours d'été, le frais abri de ses tonnelles aux piliers de pierre. J'y séjournai jusqu'au lendemain et y discutai avec Rey le plan de nos conquêtes. De Courmayeur, le prudent montagnard était allé reconnaître l'état des montagnes. Il avait retenu, pour nous accompagner, les trois meilleurs d'entre les jeunes guides. Après examen, nous résolûmes de commencer par l'ascension des Grandes Jorasses.

Dans la nuit, les étoiles se montrent pour la première fois. La matinée du 11 janvier se lève sans nuages. C'est bien ainsi que je me suis représenté la haute montagne en hiver, et cependant la réalité dépasse mon attente et me remplit d'admiration.

Aoste est à une altitude de 600 m. et la route

d'ici à Pré-Saint-Didier, sur un parcours de
30 km., s'élève de 400 mètres environ. Le trajet, que nous faisons en voiture et non en
traîneau, fait passer sous nos yeux des paysages variés, dont le caractère dominant est
une imposante majesté. L'éclat incomparable
de cette journée d'hiver, le bleu profond du
ciel, la transparence de l'air nous révèlent
les charmes plutôt que les rigueurs de la saison. La température même, — 5° c., est vivifiante plutôt que désagréable.

D'Aoste à Pré-Saint-Didier aucune vallée
ne s'élève à la droite jusqu'aux arêtes supérieures. En revanche on voit s'ouvrir à gauche celles qui pénètrent dans le massif du
Grand Paradis et dans les Alpes Graies. Entre
ces vallées se dressent des montagnes aux belles proportions dont on peut suivre les lignes
jusque dans leurs moindres détails En arrière apparaissent la Becca-di-Nona et le Mont
Emilius, belvédères célèbres des environs
d'Aoste. De côté, entre les vallées de Cogne
et de Savaranche, voici la masse rocheuse de
la Grivola, derrière laquelle se montre le
sommet du Paradis. Entre temps, les vignes
ont disparu et la vallée est devenue une gorge.
Tout à coup, en face de nous, étincelle un

sommet jusqu'ici masqué, le Mont Blanc,
le monarque géant, sans nuages, visible
du sommet jusqu'à l'endroit où des chaînes
inférieures nous le masquent, distant à peine
de quinze kilomètres, mais nous dominant de
quatre mille mètres.

A Pré-Saint-Didier la grande route se bifurque. Nous laissons à gauche le chemin du
Petit Saint-Bernard et prenons à droite la direction de Courmayeur. Sur une longueur de
quatre kilomètres, la route s'élève de deux
cents mètres environ et atteint un étage supérieur de la vallée d'où l'on voit une partie
de la chaîne du Mont Blanc avec ses sommets les plus célèbres. Dans cette vallée
s'étalent les villages qui constituent la commune de Courmayeur. Le chef-lieu de la commune a un petit air de ville et groupe ses
maisons le long d'une route sinueuse. Il y a
des bureaux de poste, de télégraphe et de
diligences, quelques magasins et plusieurs
grands hôtels.

Dans le milieu de l'été, Courmayeur (1215
mètres) a un grand mouvement d'étrangers.
Les fréquents séjours de la reine Marguerite
y amènent beaucoup d'Italiens en villégiature.
Le reste des étrangers y passent, pour la plu-

part, en faisant le « tour du Mont Blanc ». Cette excursion bien connue consiste à longer, dans le val Véni, la base sud-est du Mont Blanc jusqu'au lac Combal et au col de la Seigne où se trouve la frontière franco-italienne. Les sauvages escarpements du versant italien, la vue du glacier de la Brenva, enfin le puissant contrefort d'où s'élance l'Aiguille-Blanche de Péteret et l'Aiguille-Noire sont les principales beautés de ce parcours.

On voit au loin le glacier de Fresnay, étroitement encaissé entre les rochers, le glacier du Brouillard et le grand glacier du Miage, le seul d'entre ceux de la face sud qui s'étale en pente douce dans sa partie inférieure. On peut passer par ce glacier pour gravir l'Aiguille-Grise et atteindre le sommet du Mont Blanc. La moraine s'est avancée si puissante dans le val Véni, qu'elle a coupé cette vallée d'une digue derrière laquelle s'est formé le lac Combal (1950 mètres). Ce lac ne mérite plus l'admiration qu'on lui accordait jadis; les eaux ont beaucoup baissé et laissent maintenant à découvert un sol fangeux dont les teintes grises contrastent désagréablement avec les verdoyantes prairies du bas de la vallée.

De ce côté du col de la Seigne, le chemin s'infléchit autour de l'extrémité sud-ouest de la chaîne du Mont Blanc, puis longe le pied du versant nord pour atteindre Chamonix. Sur cette nouvelle face le tableau est tout différent ; il est caractérisé par plusieurs grands glaciers surmontés des névés qui les alimentent. Une surface continue de glace et de neige s'élève du fond de la vallée jusqu'au point culminant de la chaîne. On peut conseiller à tout voyageur qui vient à Courmayeur de se rendre à Chamonix par le trajet appelé « tour du Mont Blanc ». Peu de passages sont à la fois d'un accès aussi facile et aussi riches en vues alpestres d'une saisissante majesté.

Les alpinistes proprement dits viennent à Courmayeur avec de plus hautes ambitions. Ils préfèrent se rendre à Chamonix soit par le Mont Blanc lui-même, soit par le col du Géant, le plus caractéristique et le plus beau des hauts passages alpestres. Aucun autre col ne montre aussi nettement le contraste profond qui existe entre les aspects de l'un et de l'autre versant. Au milieu de l'été on peut, en effet, sur le versant italien, atteindre le sommet du col (3360 m.) sans poser le pied sur la neige ; mais dès qu'on passe sur le versant savoisien on se trouve sur une plaine de névé qui se prolonge au loin entre de merveilleuses chaînes de rochers, pour former enfin la Mer de Glace.

La plupart des touristes ne connaissent du Mont Blanc que le sommet, qui donne son nom au massif, puis Chamonix et la Mer de Glace. Quelques données topographiques nous semblent donc nécessaires.

La ligne de faîte du massif du Mont Blanc est longue d'environ 52 km. Son extrémité sud-ouest est marquée par l'Aiguille du Glacier (3834 m.) à laquelle font suite, dans la direction du nord-est, une série de hauts sommets dont les principaux sont l'Aiguille de Tré-la-Tête (3911 m.), l'Aiguille de Bionnassay (4066 m.) et le Dôme du Goûter (4331 m.)

A partir de cette dernière cime, la ligne de faîte s'infléchit comme un golfe qui serait ouvert du côté du nord. Au fond du golfe se dresse le géant des Alpes, le Mont Blanc. Du sommet, en se dirigeant vers le nord, on rencontre ces champs de neige dont l'immensité a causé la perte de plus d'une caravane, lorsque le brouillard fait perdre tout indice de la direction à suivre. L'autre bras

du golfe se termine au Mont-Maudit (4471 m.).
A la suite de ce sommet, la ligne de faîte
s'abaisse profondément en une ondulation
que l'on franchit au Col du Géant et qui se
relève à l'Aiguille du Géant (4014 m.). Les cimes
de Rochefort (4012 m.) et des Grandes Jorasses
(4205 m.) suivent immédiatement. Puis viennent, sur une assez grande longueur, des
sommets de 3500 à 4000 m. Enfin la ligne de
faîte se termine à la pointe d'Orny (3274 m.),
située entre deux vallées latérales du Valais,
à environ sept kilomètres et demi au sud-
ouest de Martigny.

En raison de sa direction générale, le massif a ses deux flancs tournés l'un vers le
nord-ouest (Chamonix), l'autre vers le sud-
est (Courmayeur). Au-dessus de Courmayeur
se trouve le petit village d'Entrèves. Un tunnel qui relierait ce village à Chamonix aurait
la longueur du tunnel du Gothard, et passe-
rait exactement au-dessous du col du Géant.
On le parcourrait à pied en trois heures,
tandis que le passage du col exige quatre ou
cinq fois ce temps.

Les deux flancs du massif ne sont rien
moins que d'uniformes plans inclinés. Chacun d'eux est un vrai monde alpestre com-

pliqué d'arêtes latérales avec leurs ramifications et les gorges, vallées ou bassins qu'elles enserrent. Chacun a ses coupoles de neige, ses pointes de glace, ses aiguilles de rochers, ses glaciers à pente douce ou roide. Tandis que le sommet, soit calotte du Mont Blanc, se présente comme une coupole de neige unie, l'Aiguille du Géant est une véritable dent de rocher qui, même en hiver, conserve sa couleur sombre, car les parois en sont trop verticales pour que la neige puisse y adhérer.

L'inclinaison des arêtes latérales qui enserrent les glaciers est beaucoup plus forte sur le versant italien que du côté de la France. L'aspect du premier est par conséquent plus sauvage, celui du second plus gracieux. Les glaciers de la face italienne sont presque tous crevassés et d'un accès dangereux à cause des chutes de séracs. Le glacier de la Brenva et ceux qui revêtent les Grandes Jorasses sont caractéristiques à cet égard. Ce sont des glaciers-cascades. Seul le glacier du Miage, dont nous avons déjà parlé, a quelque ressemblance avec les glaciers-fleuves du versant nord. Les plus remarquables d'entre tous ces derniers sont le glacier d'Argentières et la Mer de Glace. Leur caractère spécial est d'être peu inclinés à leur extrémité inférieure, et de remonter, après un long parcours, jusqu'à un cirque de rochers à parois abruptes. La Mer de Glace, qui naît du confluent de trois courants principaux, possède même à sa source un assez grand nombre de ces cirques de rochers. L'un d'entre eux est dominé par les Grandes Jorasses, et nul contraste n'est plus frappant que celui des deux versants de cette belle cime.

On peut calculer au moyen de la carte qu'une ligne à vol d'oiseau allant du col du Géant à Chamonix aurait, en chiffres ronds, dix kilomètres de long avec une pente de douze degrés. La même ligne, tracée du col du Géant à Entrèves, serait plus courte de moitié et aurait une inclinaison de trente degrés. Le col est situé à peu près au milieu de la ligne de faîte, longue de dix kilomètres, qui va du Mont Blanc aux Grandes Jorasses. Cette dernière cime tombe également dans le Val Ferret par une pente moyenne de trente degrés.

Lorsqu'il s'agit de s'élever de 2600 m. sur un massif présentant de pareilles inclinaisons, tout alpiniste expérimenté peut se représenter d'avance la roideur des précipices avec lesquels il sera appelé à se mesurer. L'ascension des Grandes Jorasses est des plus sérieuses même en été. Que serait cette ascension en hiver ? Il fallait s'en tenir aux conjectures, car elle n'avait jamais été tentée. Dûment préparés, et ayant arrêté nos plans, nous avions encore à tenir compte de deux conditions spéciales : la brièveté des jours et la quantité de neige dans les régions basse et moyenne de la montagne.

L'ASCENSION

DES GRANDES JORASSES

I

Tandis qu'en été les arrivants ont parfois quelque peine à se loger à Courmayeur, j'eus à ma disposition un hôtel entier pour moi seul. Les trois grands caravansérails étaient fermés; je considérais avec mélancolie la porte vérouillée de l'Hôtel Royal qui s'était ouverte peu auparavant pour moi, lorsque j'appris qu'au sommet de la ville, sur le chemin d'Entrèves, je pourrais trouver bon logis à l'Hôtel du Mont Blanc. J'y reçus le meilleur accueil et l'on me traita moins en hôte qu'en fils unique.

Au rez-de-chaussée de l'hôtel une même pièce sert à la fois de cuisine, d'habitation pour la famille et de lieu de réunion pour les gens du pays. Le soir du 11 janvier, peu après mon arrivée, je vis entrer les hommes que Rey avait choisis. L'un deux, le jeune Laurent Croux, m'était déjà connu. Il m'avait accompagné quelques mois auparavant, comme porteur, à la cabane Quintino Sella, et m'avait plu par son habileté, sa discrétion et sa gaieté. Ses compagnons, David Proment et Fabien Croux, ne lui furent point inférieurs.

Outre ces quatre guides nous engageâmes des porteurs en nombre égal qui devaient se charger du bois, des couvertures et des provisions jusqu'à la cabane-abri. Ce refuge est situé à une altitude de 2810 m., soit à six cents mètres au-dessus de Courmayeur, sur un rocher des Jorasses, tout entouré de glace, et que l'on atteint en partant du Val Ferret.

Du fond de la vallée, on aperçoit la partie de la chaîne qui va du Mont Blanc aux Grandes Jorasses. La route du col du Géant, — lequel est situé à 2150 m. au-dessus de Courmayeur, — se voit du commencement à la fin. Comme l'on prend cette même route pour les Grandes Jorasses, les gens du pays pouvaient nous suivre des yeux. En dépit de l'hiver, la charpente rocheuse de la montagne se montrait nettement. Les glaciers, cependant, se détachaient moins bien de leurs murailles de pierre. La neige d'hiver les prolongeait par le bas. Ils sont tous désignés par la dénomination commune de glaciers des Grandes Jorasses. Sur un vieux carnet, je retrouve cette note prise à leur sujet peu après mon retour de l'Amérique du Sud : « ils rappellent les glaciers des Andes, » ce qui veut dire qu'ils ressemblent à des cascades plutôt qu'à des fleuves de glace. Une rangée d'îlots rocheux, probablement le sommet d'une arête, émerge dans la ligne médiane du glacier principal. Le plus haut placé de ces îlots se nomme Rocher du Reposoir. La cabane est bâtie sur l'un des îlots inférieurs.

Nous avions arrêté le plan suivant : les trois jeunes guides et un porteur partiraient le lundi 12 janvier de grand matin pour la cabane. Ils y passeraient la nuit et tenteraient, le mardi, de parvenir jusqu'au Rocher du Reposoir. Dans cette zone, située entre 2800 et 3400 m., on avait à redouter une trop grande abondance de neige. Il s'agissait donc de savoir si l'on pouvait passer. Dans l'affirmative, on pouvait espérer franchir la zone culminante située entre 3400 et 4200 m.

Ce plan présentait encore un autre avantage. La route frayée d'avance dans la neige jusqu'au Rocher du Reposoir procurerait une avance notable à l'expédition principale. S'il ne neigeait pas dans l'intervalle et si le vent n'effaçait pas la trace, nous devions pouvoir utiliser les heures de la nuit pour notre ascension et atteindre le sommet presque aussi vite qu'en été. Nous pouvions même espérer être de retour à la cabane avant le coucher du soleil.

Cette reconnaissance des trois jeunes guides était donc, à vues humaines, la clef de la réussite. Ils allaient partir le lendemain matin avant le lever du jour et personne ne pouvait prévoir quel serait le retard apporté par la profondeur de la neige. La course exige en été de six à sept heures, haltes comprises. Peut-être, en outre, l'accès de la cabane nécessiterait-il un long travail à cause des glissements de neige et des avalanches.

Ici apparaît l'une des différences qui existent entre les ascensions d'été et celles d'hiver. Ces dernières sont compliquées d'un facteur inconnu, la neige, qui peut exercer son influence dès le début et même dans la zone de la végétation. La suite de cette narration fera voir, en outre, que la neige d'hiver, dans la haute montagne ne se rencontre pas toujours à l'état de poussière, dans laquelle le voyageur enfoncerait jusqu'aux genoux. Heureusement ce n'est pas toujours le cas, grâce à l'ennemi, le vent, qui se transforme parfois en un bienveillant auxiliaire lorsqu'il durcit la surface des vastes champs de neige [1].

Le lendemain de mon arrivée je gravis avec Rey les pentes du Mont de la Saxe jusqu'à un groupe de chalets haut placés que

[1] Nous croyons que les effets du vent peuvent être compris autrement. Agent purement mécanique, celui-ci ne saurait durcir la surface de la neige. C'est le soleil qui, dans le milieu du jour, par un temps calme ou avec l'aide du vent du sud, fond la couche superficielle de la neige, qui se transforme pendant la nuit en une mince lame de glace. Heureux le voyageur qui trouve cette surface assez résistante pour le porter. Autrement, si elle cède sous les pas, la marche devient plus difficile que si la neige était restée à l'état de poussière sèche et friable. Le vent se borne donc à transporter la neige. Il balaye les arêtes, parfois jusqu'au sol. Précieux avantage, quand on peut les suivre. Mais s'il faut passer dans les *combes*, on découvre bien vite qu'elles sont devenues infranchissables. On perd pied dans la neige en poudre. Il faudrait y aller à la nage. On ne peut avancer qu'en la tassant sous soi, au prix d'un énorme labeur qui recommence à chaque pas.   (*Note du traducteur.*)

nous trouvâmes ensevelis sous la neige. Au matin, le ciel était clair, et le thermomètre indiquait — 6° c. à huit heures du matin, et — 2,5° c. à midi, pour une altitude de 2000 mètres. Sur la hauteur régnait un vent violent. Le Mont Blanc, d'où venait le vent, était en train de se couvrir. A Courmayeur, on a coutume de dire que le temps reste beau et sûr tant qu'on voit le sommet du Mont Blanc. Dans la vallée le vent soufflait également, et cela me remplit d'inquiétude au sujet de mes guides partis en éclaireurs.

Le soir nous faisons tous nos préparatifs, et le lendemain matin nous nous mettons en route un peu après six heures, à la clarté des étoiles. Nous remontons le Val Ferret. La route est bonne grâce aux traîneaux, aux mulets et aux hommes qui descendent le bois en hiver et tassent la neige.

Le temps paisible et clair, et la température qui est de — 6° c., transforment le commencement de notre expédition en une agréable promenade. En une heure et demie nous atteignons le pied des Grandes Jorasses dont le sommet nous domine de 2600 mètres et se trouve éloigné de cinq kilomètres à vol d'oiseau.

Si l'on estime même à huit kilomètres le trajet réel jusqu'à la cime, on a peine à se représenter qu'un chemin qui, lorsqu'on l'a parcouru, vous laisse une si riche moisson de souvenirs, ne soit pas sensiblement plus long. Mais on fait la même remarque à propos de toutes les ascensions difficiles. La traversée du Mont Blanc, de Courmayeur à Chamonix, et celle du Cervin, de Zermatt au Breuil, s'effectueraient en peu d'heures sans le danger et les difficultés.

Près des chalets de Plan Pansier nous quittons la route à gauche et commençons l'ascension proprement dite. A ce moment les premiers rayons du soleil viennent caresser le Mont Blanc qui se montre sans voiles. La lumière se propage de sommet en sommet et descend lentement dans la vallée qu'elle inonde d'éclat sous un ciel d'un bleu sombre.

Nous gravissons une pente boisée où la neige en poussière nous monte bientôt jusqu'à la cheville. Les pas de ceux qui nous ont précédés sont invisibles. Il faut faire une nouvelle trace. Nous nous élevons à grand'peine à travers la forêt[1], marchant en silence les uns à la suite des autres. Je passe le dernier pour profiter le mieux possible de la trace et pouvoir m'arrêter sans inconvénient lorsque je veux prendre des notes. Mes hommes, silencieux et pesamment chargés, ressemblent à une troupe de contrebandiers comme on en rencontre souvent dans les Alpes sur la frontière italienne. Mainte charge de tabac venant de Suisse est transportée par eux à travers les glaciers des Alpes pennines pour être vendue en cachette dans les villages italiens.

Le chant d'un oiseau vient rompre le silence; un lièvre blanc s'enfuit entre les mélèzes. On voit, du reste, de nombreuses pistes sur la neige de la forêt. La beauté du jour naissant s'épanouit d'heure en heure.

[1] Il faut remarquer à ce propos que c'est dans les trajets sous bois que l'on rencontre en hiver les plus fortes quantités de neige. Emportée des lieux découverts par la violence du vent, elle ne peut échapper à ses menées tyranniques qu'en venant s'abriter dans le paisible asile des grands sapins. Le rôle que jouent les forêts comme entrepôts pour l'approvisionnement de l'eau paraît donc tout aussi important en hiver qu'en été. Et dans cette fonction, la neige joue un rôle pour le moins aussi grand que la pluie. *(Note du traducteur.)*

L'air est si tonique et si frais que l'on af-
fronte joyeusement la marche fatigante dans
la neige. Les regards sont fascinés par le
Mont Blanc et par le plus puissant de ses
contreforts, l'Aiguille de Pétéret.

Nous faisons une halte vers neuf heures
à l'orée supérieure de la forêt. Nous déjeunons à 1900 m. et l'appétit va de pair avec
l'altitude. La gaieté, la santé, un violent exercice à l'air pur de la montagne et l'espoir qui
remplit nos cœurs transforment la bouchée
la plus dure en un mets délicat. Je me ba-
lance assis sur une branche de sapin hors
de la neige. Celle-ci ressemble à une couche
épaisse d'écume battue ; on peut la chasser
en soufflant dessus.

La nouveauté de ces aspects divers et les
impressions d'une ascension en janvier me
reportaient au temps où la haute montagne,
même en été, n'était que mystère pour moi.
Des rêves de vingt ans flottaient dans mon
cerveau et la reprise de la marche allait les
enrichir encore. L'atmosphère vivifiante de
l'hiver, comme une fontaine de jouvence,
transformait le pénible effort de la grimpée
en allègre activité des muscles. Il y a une différence entre la force de l'âge et celle de la

jeunesse ; toutes deux sont pareillement capables de fortes prestations, mais la première a un avantage : elle apprécie mieux. Il en est du jeu des muscles comme du sens du goût ; ils varient avec l'âge. A vingt ans on boit une bouteille de vin aussi facilement qu'à cinquante ; mais à cinquante ans on la supporte mieux et l'on sait mieux en jouir.

Nous n'avons pas encore retrouvé les traces de notre avant-garde. Mais nous apercevons maintenant un homme qui se dirige rapidement vers le fond d'une gorge dans laquelle descend aussi la forêt. Au bas des Grandes Jorasses il y a beaucoup de ces petites vallées latérales à pente roide. A travers une neige qui nous ensevelit presque, nous gagnons le bord supérieur de la gorge, au fond de laquelle nous descendons pour rejoindre la trace. Bientôt nous rencontrons l'homme que nous avons aperçu. C'est le porteur Joseph Melica. Il a passé la nuit à la cabane avec les trois jeunes guides et regagne tranquillement Courmayeur. Il est porteur de bonnes nouvelles et nous dit que, dès la pointe du jour, ses camarades se sont mis en devoir de gagner le Rocher du

Reposoir. Je cause un moment avec cet homme qui me plaît par son expression ouverte et joyeuse; puis nous nous séparons pour marcher en sens inverse sur les pas l'un de l'autre. Pendant ce temps, Rey a pris de l'avance avec les porteurs. Je les suis de loin, jouissant de ma solitude. La haute montagne me réserve toujours ses impressions les plus fortes pour les heures où je n'ai pas à les partager avec d'autres.

La descente dans le ravin nous avait fait perdre du terrain en altitude. En montant dans le fond du vallon nous atteignons bientôt, à 1920 m., l'extrémité inférieure d'une gorge qui s'élève en droite ligne jusqu'à 2200 m. Le sommet de cette gorge, est occupé par des champs de neige; les parois sont des murailles grises de rochers labourés par les intempéries; le fond en est couvert de débris de glace et de neige durcie. Le milieu de la gorge est peu engageant; c'est un couloir d'avalanches. Mais la consistance des débris agglomérés par la fonte facilite l'ascension.

Ce couloir est à mi-distance entre le Val Ferret et la cabane. Le tapis de neige nous empêche de préciser la nature du chemin.

L'Aiguille du Géant et les Grandes Jorasses en Janvier.

La physionomie de la haute montagne, tout comme celle d'un sapin, varie peu d'une saison à l'autre. Mais dans les régions moyennes, entre 2000 et 2800 m., les richesses de l'été disparaissent sous la neige dont le tapis uniforme recouvre les éboulis de rochers et les pentes herbeuses. L'attention n'est plus sollicitée par les modifications successives de la végétation et ne peut plus en constater le lent et graduel appauvrissement. De la neige, rien que de la neige, au lieu de la riche palette des couleurs de l'été !

Le seul changement qui se présente est dû à la bonne consistance de la neige sur les arêtes et sur quelques terrasses de rochers qui d'ordinaire rendent difficile l'accès de la région des glaces éternelles. Du milieu d'un champ de neige apparaît maintenant une moraine qui sépare deux bras du glacier des Jorasses. Nous la gravissons et contemplons à droite, sous nos pieds, la teinte bleue de la glace à un endroit où le glacier se brise sur une bande de rochers.

Des nuages s'élèvent du fond de la vallée et voilent le Mont Blanc. Le soleil, vu au travers, ressemble à la pleine lune, mais, au-dessus de nos têtes, le ciel est toujours d'un bleu sombre. Vers midi la température est de 4 à 5 degrés au-dessous de zéro. Néanmoins, la marche nous met tous en transpiration et mes hommes vont en bras de chemise.

Nous atteignons ainsi, à une altitude de 2700 m., la base des rochers qui portent la cabane. Il faut maintenant gravir une muraille qui est dégarnie de neige, en raison de sa forte inclinaison. Ce n'est pas une grimpée proprement dite, car une forte corde pend du sommet, la seule qui se trouve aux Grandes Jorasses.

Le fréquent emploi de cet auxiliaire n'a pas contribué à anoblir le sport alpestre. Sans lui, la plupart des ascensions du Cervin et toutes celles de l'Aiguille du Géant ne se seraient pas effectuées. Le lecteur demandera, sans doute, comment donc l'Aiguille du Géant a été gravie pour la première fois ? — Par des moyens artificiels secondés de beaucoup d'audace et d'habileté. C'est le guide piémontais Jean-Joseph Maquignaz qui a accompli cet exploit, à l'aide de quelques chevilles de fer plantées dans le roc.

Gravir une paroi rapide au moyen d'une corde n'est du reste pas chose si facile qu'on pourrait le croire. Il s'agit de chercher contre le rocher des points d'appui pour l'extrémité de la semelle, afin de diminuer le poids que portent les bras et les mains.

Le rocher de la cabane rappelle un peu l'Aiguille du Géant, à cela près que le sommet de cette dernière se dresse à 230 m., tandis que nous n'avons guère que 30 m. à gravir. Corde et rochers sont parfaitement secs et ne nous semblent pas particulièrement froids, ce qui permet de croire que le sommet de l'Aiguille du Géant pourrait aussi être atteint par une belle journée de janvier.

Des trois porteurs qui nous accompagnent, le plus jeune est devenu en route *batal*, c'est l'expression dont se servent les bédouins pour qualifier un chameau devenu incapable de porter son faix. Les deux autres porteurs se partagent la charge de leur camarade et gravissent la muraille en ayant chacun trente kilos sur le dos. Etant monté le premier, je puis, d'en haut, les suivre du regard. Bien loin de murmurer, ils me rejoignent gaillardement et paraissent heureux de me faire admirer leur force.

Un espace couvert de neige très profonde nous sépare encore de la cabane. Nous employons presque une heure à le traverser. Pendant ce temps nous entendons dans les airs les cris des trois jeunes guides qui se dévalent sur de rapides pentes de neige. Ils ne tardent pas à nous rejoindre et, joyeux, nous apportent de bonnes nouvelles. Ces trois vaillants compagnons ont atteint le Rocher du Reposoir ; la neige est relativement bonne et ils se sont frayé un chemin à la sueur de leurs fronts.

A trois heures après midi, nous arrivons à la cabane, dont les abords ont été dégagés hier de la neige qui les encombrait. Le temps a retrouvé sa beauté des heures matinales et le calme de l'atmosphère lui donne un charme spécial.

II

La cabane des Jorasses est l'une des plus petites d'entre celles que le Club alpin italien a fait construire, souvent à de grandes altitudes. Elle est située à la limite supérieure de la végétation, ce qui, du reste, ne veut rien dire en hiver. Nous pouvons nous croire, en effet, à environ 3600 m., bien plutôt qu'à 2800 m. La cabane se compose de deux compartiments, une cuisine et un dortoir. Quatre personnes peuvent s'y trouver à l'aise, mais non pas huit ; aussi les trois porteurs doivent-ils redescendre immédiatement. Ils se mettent en route, mais une nouvelle défaillance de leur jeune camarade, presque mortelle à la descente de la corde, les contraint à regagner la cabane. Deux de nos guides s'élancent à leur secours et ramènent le malade, en le portant à travers la neige profonde et inclinée.

A mon arrivée le thermomètre marquait — 6° c. L'eau restée depuis le matin dans les tasses et les bouteilles ne s'était pas gelée, quoiqu'on n'eût pas entretenu le feu pendant la journée. Après le coucher du soleil la température tomba à — 10° c. et se maintint au même point toute la nuit. Dans l'intérieur de la cabane nous eûmes longtemps + 16°, à cause des petites dimensions de l'abri, et grâce au poêle de fer, brûlant activement et sans fumée, sans compter les huit fourneaux vivants que nous étions.

Le confort de l'existence, dans une cabane, dépend, en grande partie, pour moi, d'une chaussure essentiellement *philistine*, les snow-boots. Ils permettent, après qu'on a remplacé ses souliers par des pantoufles, de sortir aux alentours de la cabane sans se mouiller dans la neige.

Je restai longtemps en plein air à contempler le paysage. L'atmosphère étant complétement calme, je n'éprouvais aucune sensation de froid, contrairement à ce qui arrive en été, où le vent du soir, tombant des hauteurs, provoque souvent un frisson. Par quelle étrange magie, une nuit de janvier, dans ces fiefs de la neige et de la glace, pouvait-elle m'apporter autant de bien être et de jouissance? La nature, soulevant son linceul, s'animait sous le jeu des teintes du soir. Au couchant, par-dessus l'or bruni de l'horizon, s'étendait un ruban jaune pâle; à l'est, une large bande de pourpre se détachait sur un fond bleu noir; entre deux se déployait le bleu plus tendre d'un ciel sans nuages que barrait au nord la chaîne voisine. A mes pieds, les derniers rayons du soleil venaient se jouer sur les flots moutonnés d'une mer de nuages recouvrant glaciers et profondeurs. Les étoiles apparurent bientôt les unes après les autres, rangées sous le sceptre d'or d'un croissant de lune. Au-delà du val Ferret se dressaient, imposants et clairs dans la pénombre, les beaux contours du Grand Paradis.

Passer une telle soirée à s'imprégner des sublimes splendeurs de la création et amasser ainsi une provision de souvenirs pour les mauvais jours, cela suffit pour dédommager d'un long voyage. Pendant ce temps mes braves guides s'appliquaient à écarter toute dissonance humaine de cette harmonie de la nature.

Avec d'autres compagnons que les miens, les trois hommes en plus eussent rendu intenable l'espace déjà si étroit de la cabane.

Nous avons en effet si peu de place, que mes hommes sont obligés de manger debout. Sur la petite table qui doit servir en même temps à faire la cuisine, sont entassés les sacs de provisions et les bouteilles. Lard, jambon, viande crue, sucre, chocolat, bougies, cuillères d'étain, tasses de fer-blanc, papier d'emballage forment un chaos au sein duquel doivent encore trouver place mon anéroïde, mon carnet de notes, un thermomètre, des cartes, mon gobelet de voyage et un couteau norvégien. Mais la gaieté arrange tout. Cet intime pêle-mêle d'hommes et de choses, le feu qui pétille, la soupe qui chante, la *maestria* de Rey comme chef de cuisine, l'activité des autres montagnards, dont aucun ne veut rester les bras croisés, tout cela forme un ensemble réjouissant.

Je ne suis plus un étranger pour ces braves gens. Ils s'efforcent de me rendre, avec politesse et respect, tous les services possibles; ils s'en rendent entre eux. Comme tous parlent correctement le français à côté de leur patois, la conversation est vivante et instructive. Bientôt le porteur Lanier qui, quelques heures auparavant, cheminait à travers neige et rochers avec trente kilos sur le

dos, entonne une chanson. Les autres s'y joi-
gnent ; la glace est rompue et les chants
se succèdent jusqu'à un glorieux punch, digne couronnement de la plus gaie des fêtes
d'hiver.

Enfin les sacs de provisions sont préparés
pour qu'on ne perde pas de temps le lendemain matin, et chacun gagne sa couche.
Rey m'enveloppe si bien de couvertures, que
je passe sept heures entre la veille et le demi-
sommeil, sans aucune sensation de froid.

Au matin du 14 janvier, nous nous levons
à quatre heures. Le ciel est complétement
clair. Cependant les bougies allumées sont
entourées d'une auréole, sorte d'arc-en-ciel
coloré avec une lisière intérieure pourpre vio-
let, et une bordure extérieure rouge orange.
Éloigne-t-on la lumière des yeux, l'auréole
grandit ; la rapproche-t-on, elle devient plus
petite.

L'explication de ce phénomène doit être
cherchée dans la loi optique des interféren-
ces. Dans le cas présent, on peut se deman-
der si le fait résulte de l'état spécial de l'air
dans l'intérieur de la cabane, ou de l'état
général de l'atmosphère, ou des deux à la
fois. Cette auréole a été constatée certaines

fois, mais pas toujours, quoique la teneur de l'air en humidité et en poussière fût la même dans les deux cas à l'intérieur de la cabane. Il est arrivé, d'autre part, que la lune avait une auréole, et non la flamme, ou l'inverse. Il serait intéressant d'élucider cette question au moyen d'une série d'observations. Elle m'est apparue, pour la première fois, comme une question scientifique, au cours de cette excursion d'hiver. L'auréole colorée m'avait toujours paru jusque-là un présage de mauvais temps.

Pendant la nuit, la température n'avait subi aucun changement et l'on n'avait pas plus à se garantir du froid que dans les courses d'été. Dans ces dernières, en effet, le thermomètre descend parfois très bas, comme on peut s'en convaincre par le tableau suivant extrait de mes notes de voyage.

31 août 1886, 5 h. 30 du matin, 4400 m. d'altit. — 11° C.
    »   » 7 h. 20   »   4810 m.   »   — 8,5° C.
15 sept. » 4 h. 40   »   4068 m.   »   — 12° C.
    »   » 5 h. 45   »   4230 m.   »   7° C.
14 sept. 1887, 6 h. 15 du soir, 3900 m.   »   — 7° C.
27 août 1889, 2 h. 30   »   4538 m.   »   — 11° C.

Il faut donc, même en été, avoir des vêtements d'hiver. A plus forte raison faut-il, dans les ascensions d'hiver, prendre les plus grandes précautions en vue des cas extrêmes. Il ne s'agit pas seulement, en effet, de s'assurer un degré de bien-être sans lequel les observations à faire perdent de leur intérêt; il faut, de plus, se préserver contre la congélation des extrémités. A cet égard, je pus apprécier la valeur de l'expérience que j'avais acquise dans les Andes, où la raréfaction de l'air, le froid et le vent, font cause commune contre le voyageur, non seulement pendant la marche, mais encore dans les bivouacs à la belle étoile. Au sommet du Maipo (5400 m.), le vent soufflait aussi violemment que plus tard au Grand Paradis, et nous avions douze degrés au-dessous de zéro. A l'Aconcagua, j'ai bivouaqué à 5300 m., sans feu ni tente. Pendant des semaines j'ai couché à la belle étoile, sous un ciel dont la pureté favorisait la perte de chaleur par rayonnement. Néanmoins j'ai échappé à tout accident de congélation.

Je me permettrai donc d'intercaler ici les remarques suivantes, à cause de leur mérite pratique et bien qu'elles soient de nature à n'être utiles qu'à un petit nombre de lecteurs.

Le problème du vêtement de course se pose comme suit : protéger contre le froid, sans nuire à l'agilité. Cela exclut tout manteau flottant ou long pardessus. D'autre part, plus nombreuses sont les enveloppes, quelque minces qu'elles puissent être, mieux le corps est protégé contre la morsure du vent glacé. Grâce au froid, on conserve la sensation d'une absolue mobilité même sous les multiples vêtements suivants : camisole de laine tricotée, chemise de soie ou de flanelle, gilet, tricot de laine à manches, enfin courte jaquette en forte étoffe, ayant la forme d'un veston-sac à double rang de boutons. Ce vêtement de dessus doit être boutonné serré jusque sous le menton ; les manches, rétrécies à l'extrémité, embrassent étroitement les poignets recouverts de manchettes tricotées. Les poches extérieures, au nombre de quatre, seront grandes. Celles du bas sont destinées, à gauche, au carnet de notes, à droite, au mouchoir de poche, que l'on doit trouver facilement sous la main dans les passages difficiles. Les autres renferment plusieurs foulards, que l'on noue autour du cou ou de la tête, suivant les besoins. Ainsi toutes choses sont à portée au moment voulu. Chercher constamment des objets divers dans les poches intérieures, et pour cela ouvrir et reboutonner son habit n'est pas chose commode avec des doigts engourdis et surtout par un vent violent.

En outre, on porte volontiers des pantalons s'arrêtant au genou, et deux paires de longs bas de laine. Les souliers doivent être assez larges pour que les orteils puissent s'y mouvoir. Si les souliers sont étroits, ce qui serait plutôt avantageux pour la grimpée dans les rochers, ils gênent en revanche la circulation du sang et peuvent entraîner, par le froid, la congélation des extrémités, surtout du gros orteil. Mes guides piémontais s'enveloppaient les pieds de papier avant de passer leurs bas. J'en ai fait l'essai, mais à la fin de la course le papier était réduit en mille morceaux et ne répondait plus au but. Les Lapons mettent du foin dans leurs souliers, ce qui vaut certainement mieux.

Nous ne sommes pas au bout de l'équipement de l'alpiniste. Il faut encore de longues guêtres serrées, allant du pli du genou jusque sur le cou-de-pied et embrassant le soulier dont la partie antérieure reste seule à découvert. On peut ainsi enfoncer impunément dans la neige sans être mouillé, ce qui est de la plus haute importance.

Pour préserver les oreilles de la congélation, on passe par-dessus la tête une sorte de casque en tricot qui ne laisse que le visage à découvert. On porte enfin un chapeau de feutre dont on rabat les ailes des deux côtés et que l'on attache au moyen d'un foulard solidement noué sous le menton.

Les mains, en revanche, restent fort exposées aux morsures du froid, non pas que l'on manque pour elles de moyens de protection mais en raison de circonstances spéciales. On peut fort bien avoir les doigts gelés dans une ascension, alors que, dans un voyage ordinaire, par un froid et un vent également violents, et avec les mêmes gants, on demeurerait entièrement indemne. A la montagne, en effet, dans tous les passages difficiles, on est obligé de retirer ses gants pour pouvoir se cramponner au rocher avec l'extrémité des doigts. De plus, on ne peut éviter de mettre les mains dans la neige, et les gants sont mouillés. Ou bien ce sont des parcelles de neige qui s'y introduisent et deviennent, en fondant, de petites sources d'eau froide. La précaution la plus simple consisterait à se frotter vigoureusement les mains pendant la marche ; mais c'est rarement possible, parce que l'une des mains doit porter le *piolet*, soit bâton de cent douze à cent quinze centimètres, pourvu d'une hache d'acier à son extrémité supérieure. Dans la main qui tient le piolet, la circulation du sang se fait mal. Le lecteur s'en rendra compte sans peine en serrant lui-même pendant un certain temps, dans la main, un gros bâton. Les extrémités de quatre doigts reposent sur le bois froid ; le pouce seul demeure libre et les articulations sont enraidies par leur fléchissement constant. La main est donc très exposée à la congélation. De plus, elle est fréquemment en contact avec l'acier du piolet. Grâce au vent, aux gants trempés d'humidité, au port du piolet, et par un froid de onze degrés, je fus en août 1889, atteint pour la première fois, et j'eus le médius gelé, à la main droite.

Le moyen de protection le plus habituel ce sont des mitaines (gants sans séparation pour les doigts, excepté pour le pouce), en laine tricotée. Les personnes particulièrement sensibles au froid devront préférer, dans les cas extrêmes, des gants de même

forme, mais en fourrure. La meilleure fourrure est, paraît-il, celle du loup de Suède,
dont le poil est moins hygrométrique que
celui du loup de Russie. Un jeune Norvégien,
M. Ekroll, qui a fait, au mois de février, en
skis, le voyage d'Haparanda au Fjord-Ofo-
ten, en Norvège, m'a dit qu'il s'était bien
trouvé d'avoir employé des gants de cette nature, dans lesquels il avait en outre mis du
foin. Cette dernière précaution serait peu
pratique dans les Alpes où l'on est obligé
d'ôter et de remettre souvent ses gants.

Il faut enfin se munir de lunettes à verres
sombres, pour protéger les yeux contre
l'éclat éblouissant de la neige. Toutefois,
l'intensité du soleil est moins grande en hiver à cause de l'obliquité des rayons.

III

Pour notre marche nous n'avons pas besoin de la clarté du jour. Une lanterne suffira pour éclairer la trace durcie. Nous pouvons donc nous mettre en route avant cinq
heures, et avancer facilement, par un temps
calme et dix degrés de froid. Les porteurs
étant restés à la cabane, notre troupe se compose de cinq personnes en tout.

La paroi nue d'un puissant contrefort, qui
s'élève entre la cabane et le sommet, contraint à faire un détour. La route forme donc
un crochet. Jusqu'au Rocher du Reposoir, on
a la pointe des Jorasses au-dessus de soi à
droite. A partir de ce point la direction
change ; on incline fortement à droite et l'on
va presque directement au but. Il nous reste
1400 mètres à gravir.

Les deux premières heures se passent exclusivement sur des pentes de neige à forte
inclinaison. En plusieurs endroits, la trace
est si profonde qu'elle ressemble à un vrai

fossé. La montée m'eut paru monotone sans
la piquante impression de me trouver en ces
lieux par une matinée de janvier, et sans la
joie que me procurait la rapidité inespérée
de notre marche. En deux heures, nous atteignons le pied du Rocher du Reposoir, qui
se trouve à 3470 m., et nous continuons immédiatement la grimpée, après nous être détachés de la corde pour avancer plus vite.

Le Reposoir a la forme d'une crête rapide
qui, vers 3550 m., se prolonge en une arête
de neige. A la base, des deux côtés, le glacier se brise et présente des amas de blocs
de glace.

C'étaient de vrais rochers de haute montagne que nous allions attaquer. Mais en quoi
consistent « de vrais rochers de haute montagne », je ne saurais guère l'expliquer. Un
vénérable père de l'Eglise répondit, en d'autres circonstances : « Si tu ne me le deman-
des pas, je le sais ; mais si tu me le deman-
des, je ne le sais pas. » Il en est ainsi de
beaucoup de notions, résidu d'expériences
antérieures, qui reposent inconscientes dans
l'esprit humain. Une des particularités des
rochers de haute montagne c'est que, de
près, ils ne paraissent pas rapides, et sont

néanmoins singulièrement difficiles à gravir. Ils sont souvent disposés comme les tuiles sur un toit. On grimperait aisément au toit si, contrairement à ce qui est, les tuiles inférieures recouvraient celles qui sont plus élevées. Quand les rochers sont imbriqués, comme nous l'avons dit, les prises font défaut et la grimpée exige beaucoup de prudence et d'habileté. En outre, la difficulté devient plus grande encore à la descente.

Sur la photographie des Jorasses que je pris des environs d'Entrèves quatre jours plus tard, la sombre arête de rochers du Reposoir se montre dégarnie de neige. En réalité, nous en avions un peu, mais pas assez pour influer sur la marche et modifier l'aspect de la surface. En un peu moins d'une demi-heure, nous atteignons l'extrémité supérieure de l'arête de rochers et faisons une halte à 3550 m., soit à environ six cents mètres au-dessous du sommet. Il est sept heures et demie et la température est d'à peu près douze degrés de froid.

Le ciel est sans nuages; la montagne commence à s'éveiller aux premiers rayons du soleil. Le Mont Blanc, qui nous avoisine, est déjà inondé d'une vive lumière qui rejaillit sur notre chaos de petits glaciers encore dans l'ombre. Tout cela forme une merveilleuse palette de couleurs, la plus finement nuancée que j'aie jamais vue dans la région des glaces. La teinte livide des surfaces de neige s'anime peu à peu d'un éclat rosé; des ombres bleuâtres se jouent au travers; les crevasses et les blocs de glace lancent des reflets d'un azur tantôt sombre, tantôt lumineux.

Nous nous trouvons à un endroit où deux petits courants de glace sont interrompus dans leur descente vers la profondeur par un ressaut en escalier. Le glacier est donc brisé des deux côtés du Reposoir et la constitution intérieure de la glace est mise à nu. En ces endroits, la lente et imperceptible progression des masses congelées devient, de temps à autre, beaucoup plus rapide. Tantôt c'est un avant-toit de glace surplombante qui se détache. Tantôt, c'est une rupture qui se produit dans l'épaisseur de la masse crevassée. Le second phénomène est à redouter dans les jours de chaleur qui activent la progression du glacier. Le premier est indépendant de la température et se produit aussi bien de nuit que de jour, en hiver qu'en été.

Il se produisit sous nos yeux, tandis que le froid qui me gagnait après l'échauffement de la marche ne parvenait pas à détourner mon attention du jeu des couleurs et des nuances. Le silence fut interrompu soudain par le tonnerre d'une chute de glace qui se produisit au-dessus de nous sur la droite.

Pendant une heure encore, nous suivons l'arête de neige du Reposoir, et l'ascension n'est pas moins difficile que sur le rocher. Puis vient la traversée d'un réseau de crevasses auquel succède de nouveau l'arête de rochers jusqu'au pied du second sommet des Jorasses. Deux cimes détachées sont maintenant devant nous, dont la plus basse nous avoisine, tandis que la plus élevée s'écarte à droite. La base de la première se perd dans la profondeur en une muraille infranchissable dont nous devons longer le pied pour atteindre horizontalement les névés du vrai sommet. Pendant ce trajet nous avons à main gauche la paroi de rochers, à main droite le glacier fort au-dessous de nous.

En langage alpiniste, on donne le nom de *traversée* à un trajet, horizontal ou à peu près, contre une paroi rapide, et quelle que soit la nature du sol : terre, rocher, neige ou glace. Une traversée est presque toujours chose longue, difficile, dangereuse et exigeant de l'habileté. Il faut se tirer d'affaire par soi-même; on ne peut guère s'entr'aider; par contre, chacun peut facilement entraîner les autres dans une chute fatale.

Notre traversée dure de huit heures et demie à neuf heures et demie. Elle s'effectue entre 3725 et 3755 m. d'altitude. En été, ce parcours doit être moins difficile; en janvier, il est très peu sûr, à cause de la neige en poussière qui recouvre les rochers. Il faut tasser cette neige sous les pieds, et l'on ne peut se fier à ce point d'appui, toujours sujet à caution. Nous avons heureusement appris dès longtemps à n'avancer qu'avec une prudente lenteur, et à répartir le poids du corps entre les pieds et les mains. Mais il était souvent fort difficile de trouver une prise pour la main gauche sous la neige qui dissimule les saillies et glace le bout des doigts jusqu'à la souffrance. Pareille difficulté ne s'était présentée à moi que deux fois, lors de ma première ascension des Écrins, en Dauphiné, le 18 juin 1881, et à la descente du Mont Scerscen, dans la nuit du 21 au 22 septembre 1887.

Au sortir des rochers, nous retrouvons le névé qui nous prend deux grandes heures. Puis, après une rapide grimpée dans la neige, nous atteignons un plateau où viennent mourir les pentes qui aboutissent au plus haut sommet. Là se fait notre seconde et dernière halte, à 3920 m. au-dessus de la mer, à moins de 300 m. au-dessous de la cime.

Jusque-là, nous n'avions dépensé que de la force musculaire, sans souffrir aucunement du froid. Pendant la dernière heure, en dépit de six degrés au-dessous de zéro, nous eûmes très chaud. Il est vrai que nous étions au soleil; mais, malgré la neige, aucun de nous n'éprouvait le besoin d'employer les lunettes noires. La vue était entièrement dégagée. De cette grande altitude, nous dominions l'enchevêtrement des chaînes méridionales, tableau plus lumineux en cette saison, mais plus uniforme qu'en été. Le Mont Viso se voyait distinctement, quoique éloigné de cent trente kilomètres; mais la calotte du Mont Blanc s'était, comme la veille, enveloppée de nuages.

La marche est reprise à dix heures et demie, et nous laissons un sac de provisions sur le plateau. Voici de la glace dure, d'une teinte gris bleu qui ressemble à du roc, et je suis étonné d'en rencontrer une aussi grande étendue. Bien que cette glace des hauteurs se rencontre souvent dans le voisinage des grands sommets, elle ne recouvre habituellement que d'étroits espaces. Elle s'étend ici sur une partie considérable du flanc de la montagne.

Tandis que Rey se livre au dur labeur de la taille des marches, j'ai tout le loisir de regarder autour de moi. Nous franchissons une crevasse, un pan de montagne, une crête rapide, tout cela sur une glace également dure. Nous voici à 4000 m. et, sur l'arête, la neige fait place au rocher.

A peine avons-nous franchi ce passage, qu'un redoutable changement de temps se produit. Le sommet des Jorasses se couvre de nuées; un vent glacé s'élève, et c'est sous un tourbillon de neige que nous atteignons le but, peu après une heure et demie. Je me penche au-dessus du tranchant de la montagne pour regarder du côté de Chamonix. Par un temps clair, la vue est grandiose. Devant nous se déploient, dans toute leur longueur, les glaciers du Mont Mallet et de Leschaux, et l'on doit voir la Mer de Glace, prolongement du

second avec, sur sa rive gauche, le bâtiment du
Montenvers. Mais un épais brouillard remplit ces vastes bassins glaciaires, et quelques
échappées sur les parois voisines permettent seules de soupçonner la profondeur de
l'abîme. Nous avons un froid de quatorze degrés, dont la morsure est aiguisée par un
vent violent.

La situation avait donc changé comme à
la baguette. L'hiver nous montrait son rude
visage. Le danger entrait en scène. Après
dix minutes de halte, nous commençons la
descente, nous demandant ce que l'avenir
nous réserve. Tandis que l'attention, la prudence et l'habileté ont suffi pour la montée,
le retour se présente à nous comme une
partie engagée avec de mauvaises cartes en
main ; si elles sont trop mauvaises, le meilleur joueur perd sa mise.

Des profondes marches que nous avons
taillées dans la glace, aucune n'est visible ;
ces quelques instants ont suffi pour les remplir de neige. La roideur de l'arête et de la
pente nous force à descendre à reculons. Il
faut regarder entre ses jambes pour découvrir la marche inférieure, et se cramponner
de la main à celle qu'on vient de quitter. La

vue est troublée par l'obscurité de l'air et par la neige qui tourbillonne. Nous nous hâtons autant que possible et atteignons en une heure et demie le plateau de neige où nous retrouvons notre sac enseveli sous les flocons. Voici les rochers à traverser. Ils sont couverts de neige fraîche. Aucune trace n'est visible et pourtant il n'y a pas cinq heures que cinq hommes ont passé par là.

Lorsque nous atteignons l'arête de neige qui aboutit aux Rochers du Reposoir, nous pensons à tort que le plus mauvais de la descente est fait. Ce matin, les rochers étaient à découvert; maintenant la neige a fait disparaître toutes les aspérités. Au commencement, nous nous en tirons assez bien. Mais bientôt cela va de mal en pis. Rey conduit la marche; je viens après lui, et les trois jeunes guides me suivent. Le rocher est comme transformé; il nous paraît plus vertical, parce qu'il est plus glissant.

Par trois fois nous croyons être dans l'impossibilité de continuer. Pendant que Rey cherche le passage et peut à peine suffire à sa propre sûreté, les autres guides viennent en aide au dernier d'entre eux à qui la corde n'est d'aucun secours, et je suis obligé, pour mon compte, de demeurer immobile durant plusieurs minutes, me retenant par l'extrême bord de la semelle et par une seule main qui s'appuie au sol. Je me rends compte que nous sommes à deux doigts d'une catastrophe. Une crampe à la main, et c'en est fait de nous ! Chacun de mes hommes fait appel à toute son habileté, à toute sa force ; chacun est pénétré du sérieux de la situation. Pour comble de malheur, voici venir la nuit qui nous empêchera peut-être de continuer la descente.

Enfin, vers cinq heures et demie, nous atteignons le pied du Reposoir et entrons sur les champs de neige par un léger clair de lune. Le vent ne souffle plus que par bouffées. Nous pataugeons péniblement sans pouvoir retrouver les traces de la montée. A chaque instant le pied enfonce profondément et l'on risque de faire une chute ; pour l'éviter, il faut un violent effort, surtout des genoux. De là vient que les personnes accablées de fatigue chancellent à chaque pas et tombent fréquemment en descendant des champs de neige molle.

Nous mettons autant de temps pour atteindre la cabane que nous en avons employé

pour le même trajet à la montée, ei la dépense de force est beaucoup plus considérable. A sept heures et demie, nous entrons
enfin sous le toit protecteur, tous sains et
saufs.

Pendant la descente, la température doit
avoir atteint — 15° c., car au sommet nous
avions — 14° c., et à la cabane nous consta-
tons — 16° c. Tout le vin que nous rapportons
est gelé ! Nous tirons du sac une bouteille
de Chablis ; elle a perdu son bouchon que le
gel a fait sauter, mais le contenu y est tout
entier, transformé en un bloc solide. Le baromètre anéroïde, laissé à la cabane, a baissé
de dix millimètres ; celui que j'ai emporté
avec moi est descendu de 13 millimètres,
mais il faut compter avec le retard d'élasti-
cité.

Les hôtes de la cabane sont plus silencieux ce soir que la veille. On parle peu ;
on chante moins encore. Il y a un certain
abattement général, et cependant chacun se
sent heureux. Toute grande dépense de force
corporelle, accompagnée d'excitation morale,
est suivie d'une réaction qui confine parfois
à la tristesse. Les résultats de la journée
étaient assez importants pour nous remplir

de satisfaction. Nous avions pénétré le mystère des ascensions d'hiver, de leur splendeur autant que de leurs difficultés. La longue et périlleuse traversée des Rochers du Reposoir avait été effectuée sans accident, et devenait un sujet de gratitude. Nous savions avoir quelques droits à jouir d'une satisfaction intime, mais nous ne l'éprouvions pas, parce que notre sensibilité était comme paralysée. Le froid, tout comme le vin, exerce une action excitante tant qu'on est en mouvement. Mais cette excitation fait place à une sorte de stupeur lorsqu'on n'a plus qu'à se reposer dans la chaude atmosphère de la cabane. Le sommeil seul peut rétablir l'équilibre et dégager la joie de la mélancolie, comme une amande de sa dure enveloppe.

Nous nous éveillons parfaitement heureux au matin du 15 janvier, en dépit de la fine neige qui tombe et obscurcit l'air par un froid de vingt degrés.

La descente est entreprise vers huit heures et demie et s'effectue avec une ardeur telle que nous sommes bientôt en transpiration. Le mauvais temps n'a sévi que dans les hautes régions, car nous retrouvons la corde parfaitement sèche. Le couloir des avalanches ne montre pas de trace de neige fraiche, bien que celle-ci tombe maintenant en tout petits flocons. Ce couloir me fait maintenant une impression désagréable. Nous faisons halte avant 11 heures à sa sortie inférieure et déjeunons debout, par dix degrés de froid. Ainsi, dans un intervalle de deux heures et demie, la température s'est relevée pour nous de dix degrés. Il en résulte un vif sentiment de bien-être, ainsi qu'un besoin de nourriture tellement violent que le mot appétit ne nous paraît plus qu'un lâche euphémisme.

Les provisions abondent, car nous n'y avons fait la veille qu'une bien petite brèche. Dans les grandes ascensions, on mange peu. Le froid a transformé notre vin rouge en une purée dont la partie liquide est aussi réduite que notre soif. Heureuse harmonie des choses !

Nous continuons notre route en si bonnes dispositions que la profonde neige de la forêt ne nous affecte plus. Vingt-quatre heures exactement après notre arrivée au sommet, nous atteignons Courmayeur, accueillis par les salves de joie des porteurs avec lesquels nous avons passé la première nuit à la cabane. Ils se sont postés à une fenêtre de l'hôtel du Mont Blanc et tirent à qui mieux mieux.

Leur présence fournit l'occasion de fêter le succès de notre expédition par un vin chaud, boisson nationale des districts alpestres en hiver. Nous apprenons alors que, de la vallée, on nous a constamment suivis du regard, excepté pendant la dernière partie de l'ascension, alors que nous étions entourés de nuages.

EXCURSION

DANS LES ALPES GRAIES

I

Les jours suivants furent idylliques. Je les employai à me reposer, à écrire et à faire quelques petites promenades pour admirer le massif du Mont Blanc. Je mis à profit la première journée de temps clair pour photographier les Jorasses, l'Aiguille du Géant et les deux sommets du Mont Blanc. La durée de la pose pouvait être aussi courte qu'en été, bien que l'objectif fût rétréci par un diaphragme de très faible ouverture. J'envoyai deux vues des Grandes Jorasses pour les faire agrandir de' onze fois en surface. J'obtins ainsi des photographies d'un puissant relief. Elles ressemblent à un dessin sur toile dans lequel tous les détails ressortent avec vigueur et montrent clairement la charpente de la montagne. Il est donc possible, au moyen d'un simple appareil de voyage, d'obtenir des images pouvant servir à l'enseignement scolaire.

Du 16 au 19 janvier la température se maintint, le matin, entre 10 et 11 degrés au-dessous de zéro. Le 18, elle tomba à — 14° c., mais remonta pendant le jour de 6 ou 8 degrés. Le baromètre était désespérément bas ; il était descendu de trente-trois millimètres depuis mon arrivée à Courmayeur. Le vent continuait à souffler du nord-ouest.

En bas, dans la vallée, je me trouvai plus solitaire que pendant l'ascension où par contre j'avais eu un plus grand nombre de compagnons qu'en été. J'avais toujours vu Courmayeur pendant la saison des voyages, avec de nombreux étrangers se promenant sur les routes et stationnant devant les hôtels. Actuellement, la physionomie de l'endroit était toute différente.

La population n'est pas détournée de ses travaux d'hiver par l'affluence des visiteurs d'été ; cela témoigne en faveur de son activité. Pas de cantines où les guides dilapident en boisson les profits de la belle saison. Chacun travaille à

Courmayeur. Les habitants ont l'air sobres et convenables. La plupart des hommes s'occupent de menuiserie ou font les provisions de bois. D'autres descendent le foin des hauts chalets, transportent de l'engrais sur les champs ou charrient sur des traîneaux les bois abattus dans la forêt. Ces gens mènent une vie paisible et frugale, sans chercher à s'expatrier et sans céder aux tendances démocratiques et socialistes. Les enfants fréquentent assidûment l'école, après laquelle ils se disséminent joyeux dans les différentes localités de la commune.

A l'hôtel du Mont Blanc, je ne menais nullement une vie de privations. On me procurait tout ce qu'il était possible d'avoir. Le propriétaire, M. Bochâtey, a tout le caractère d'un hôte de l'ancien temps, et de plus c'est un homme parfaitement honnête. Sa large face soigneusement rasée s'éclairait à mon abord d'un aimable sourire ; ce sourire ne le quittait pas pendant qu'il mettait la table, apportait les mets et assistait à mes repas ; avec le même sourire il était venu m'éveiller à 4 heures de matin, le jour du départ pour les Jorasses. Sur l'heure, je l'aurais assassiné volontiers... mais pour le ressusciter l'instant d'après. Aujourd'hui encore je lui conserve de la reconnaissance pour tous ses bons services.

Le dimanche 18 janvier, pour la première fois depuis le retour de notre expédition, le temps parut entrer dans une phase meilleure. Je résolus donc de tenter le lendemain une nouvelle ascension dans le massif du Grand Paradis.

Dans les vallées voisines il n'y a aucun guide digne de ce nom. Je repris donc à mon service les hommes qui m'avaient accompagné aux Jorasses. Je préférais du reste ne pas changer, car j'avais été très content d'eux. Les braves gens et les bons guides ne sont pas si nombreux qu'on ne se les attache quand on en a trouvé quelques-uns. Plus on avance dans la vie, plus on apprécie cette règle de conduite. Aussi remarque-t-on que les vieux alpinistes prennent toujours les mêmes guides, et sont enclins à les considérer comme les meilleurs qui existent.

C'est aussi mon habitude et, depuis que Hans Grasz, mon guide de l'Engadine, s'est retiré du métier et se repose sur ses lauriers, je réserve dans mon cœur une place spéciale pour Émile Rey que je tiens pour la perle

des guides. Mais je me rendrais coupable
d'une monstrueuse injustice envers la petite
élite de ses égaux de la Suisse, de la Savoie
et du Piémont, si je n'ajoutais que cette pré-
dilection résulte aussi du souvenir des dangers que nous avons courus ensemble. Du
reste le jugement suivant qu'un alpiniste anglais porta sur Emile Rey me paraît exact : *He
is the most expensive guide in the Alps, but he
is worth his money* — (c'est le plus coûteux
des guides des Alpes, mais il vaut son prix).

Disons ici quelques mots des guides en
général ; ils sont indispensables pour l'exploration systématique de la haute montagne.
Il est vrai que des alpinistes s'en sont passés,
même pour des courses difficiles. Mais si
l'on a fait grand bruit des exploits de ce
genre quand ils ont réussi, cela prouve précisément que le succès doit en être tenu d'a-
vance pour peu assuré.

J'ai dit à l'appendice de mon livre *Dans les
hautes Alpes*, que le but suprême du sport alpestre est, pour le touriste, d'arriver à pouvoir devenir guide lui-même. J'aurais dû
ajouter que l'explorateur de la haute montagne doit, dans la règle, s'interdire ce rôle,
alors même qu'il serait capable de le rem-

plir. Pour conserver toute sa liberté d'esprit, on doit éviter d'astreindre le corps à des services dont tout homme cultivé cherche à se décharger. Plier l'échine sous le poids d'un fardeau, tailler des marches, aller chercher de l'eau pour les besoins de la cuisine, allumer le feu, ce sont là des corvées dont on doit être prêt à s'acquitter en cas de nécessité, mais auxquelles on ne s'astreint pas volontiers si l'on peut s'en dispenser [1].

[1] L'attrait principal des courses sans guides est ici passé sous silence. Il réside dans l'attention sans cesse tenue en éveil par la nécessité de choisir le meilleur chemin possible. Rien n'est monotone et fatigant comme de marcher sous bois, de gravir de longues pentes gazonnées, de traverser d'interminables champs de neige sur les pas d'un guide dont on contemple, spectacle poétique, le dos et les souliers ferrés. Les mêmes trajets prennent du charme lorsqu'il s'agit à chaque instant de discuter et de déterminer la bonne direction. Une seule ascension sans guide, même manquée, enrichit le trésor d'expérience de l'alpiniste plus que dix courses avec guide. Ce qu'on doit proscrire sans rémission, ce sont les courses *solitaires* sans guide. Il faut trois ou quatre compagnons solides, bien appareillés, parfaitement expérimentés, et renseignés de tous points sur la région et les routes habituelles. Mais gare aux téméraires et aux débutants qui ne doutent de rien ! Les grandes ascensions sans guide ne sont que pour l'élite des alpinistes. (*Note du traducteur.*)

L'explorateur a un but plus élevé. Il sera d'autant mieux préparé pour l'atteindre qu'il possèdera les aptitudes et les connaissances d'un guide, et cette préparation ne peut s'acquérir qu'en se livrant avec ardeur au sport alpestre.

Les qualités qui font un guide parfait sont déterminées exclusivement par les exigences spéciales de la haute montagne. Quelques remarques sont nécessaires sur la corrélation qui doit exister entre les qualités du guide et les difficultés de sa fonction.

En première ligne, la rapidité des pentes et leur revêtement tantôt glissant, tantôt friable, tantôt propice, formé de glace, de neige ou d'éboulis, réclament la connaissance de ce que l'on appelle la *technique de la grimpée.* En outre, les grandes différences d'altitude, les vastes champs de neige molle, les étages de rochers qu'il faut gravir en se cramponnant aux saillies, demandent des bras, des jambes et des poumons robustes. Il faut savoir employer tantôt les mains, tantôt les pieds, les genoux ou les coudes pour se soutenir lorsque les points d'appui font défaut ; il faut savoir fléchir le corps de manière à en répartir le poids sur les différents membres,

afin d'éviter soit une culbute, soit la rupture
de l'appui sur lequel il repose. Tout cela
suppose de l'habileté. Celle-ci est mise à contribution surtout lorsqu'on se trouve en présence des précipices. Il faut encore qu'elle
ne risque pas d'être paralysée et anéantie par
l'apparition soudaine du vertige.

L'une des grimpées les plus faciles est
celle des pentes de neige, même rapides.
On obtient un point d'appui étonnamment
sûr, en enfonçant la pointe de la semelle,
et en s'appuyant du genou sur la neige.
La descente se fait également sans difficulté ; on marche à reculons, en plantant le piolet d'une main, et en se retenant de l'autre à l'une des marches supérieures. Lorsque l'inclinaison est moins forte,
on peut se retourner ; il suffit alors d'enfoncer énergiquement les talons. C'est la grimpée des rochers qui demande le plus d'habileté. Rien de varié comme l'emploi qu'il
faut faire tour à tour du bord de la semelle,
de la pointe ou du milieu du soulier, du
talon, des doigts, de la main, de l'avant-bras
ou du coude.

Pour le guide-chef nul passage n'est plus
fatigant que les parois de glace dure. Il doit

alors tailler des marches dont chacune exige souvent jusqu'à soixante coups de piolet. Ce travail peut se prolonger pendant des heures; il faut y être habitué depuis des années pour pouvoir y résister. Pendant ce temps, le voyageur au contraire se repose; il n'a qu'à poser le pied solidement dans une marche et à changer de point d'appui sans secousse.

Un guide qui, pour la technique seule, égalerait Emile Rey, serait en toute expédition, un précieux auxiliaire. Mais pour devenir le chef de la caravane il faut encore d'autres aptitudes. Le sens de l'orientation, même très développé, ne peut se passer, en outre, de la connaissance des configurations du sol propre à la haute montagne.

Le sens de l'orientation, l'intuition par laquelle on découvre le passage le meilleur, peut, il est vrai, se développer dans la même mesure, par exemple, que les aptitudes musicales, mais il faut un don naturel. L'exercice et l'étude systématique des lieux contribuent beaucoup à ce développement. La mémoire s'accoutume à retenir le profil de tel bloc ou de telle saillie; l'œil arrive à saisir de plus en plus exactement les détails du chemin. Le passage le meilleur se trouvera tantôt dans le fond d'une vallée, d'un vallon latéral ou d'une gorge, tantôt sur leurs flancs, tantôt sur l'une des arêtes qui les séparent. Quiconque entreprendra de décrire une ascension à ce point de vue se rendra compte de ce que c'est que le sens de la direction. Les guides sont très habiles à noter une foule de petits indices. On s'en aperçoit lorsqu'ils vous font descendre une paroi abrupte qui, pour le touriste inexpérimenté, n'est qu'un inextricable chaos. Les guides d'élite choisissent leur chemin d'instinct, d'après la structure générale de la montagne. Mais ils seraient souvent incapables d'expliquer les motifs qui ont dirigé leur choix.

Le sens de la direction est aidé de la connaissance de certaines données spéciales. Un guide sait que les rochers et la surface des glaciers changent de nature avec l'altitude; il est familier avec les différentes déchirures de la glace, simples crevasses, ou gouffres redoutables; il juge les rochers non pas tant d'après la raideur de leur pente que d'après les saillies qu'ils peuvent présenter; il reconnaît les endroits exposés aux avalanches de glace ou de neige, aux chutes

de pierres ; en présence des arêtes, il se met
en garde contre les *corniches*, sorte de formation neigeuse comparable à l'ourlet d'é-
cume des vagues.

Ainsi la technique de la grimpée, le sens
de la direction et la connaissance des dangers propres à la haute montagne naissent
de la somme des expériences et se conden-
sent peu à peu en un instinct qui permet de
déterminer ce que l'on peut tenter en fait
d'ascension, ou ce qui doit être considéré
comme impossible. C'est en cela, c'est-à-dire
dans la détermination de ce qui est faisable
ou non, qu'aucun touriste ne peut égaler les
guides de première classe. L'un des vétérans
d'entre ces derniers, Melchior Anderegg, de
Meiringen, avait coutume de dire dans certaines discussions, avec une modeste assurance : « Si j'avais entrepris tout ce que mes
voyageurs voulaient faire, il y a longtemps
que je serais mort. » J'ai moi-même re-
broussé chemin, deux années de suite, sur
le versant italien du Mont Blanc, parce que
le mauvais temps était venu transformer l'ascension en un jeu de hasard insensé.

Qu'il s'agisse des Alpes, du Caucase, des
Andes ou de l'Himalaya, les conditions sont

les mêmes. La différence entre les hautes montagnes est quantitative seulement, et non qualitative. De là vient qu'un bon guide conserve sa valeur, même en des lieux où il n'est jamais venu auparavant.

Mentionnons enfin une dernière qualité, le courage, plus nécessaire qu'on ne le croit généralement.

Certaines ascensions dans la haute montagne n'exigent aucune dépense de courage de la part du guide. Et cependant celui-ci apparaît au voyageur inexpérimenté comme un homme plein de hardiesse. Plonger, par un beau jour d'été, dans l'eau profonde d'un lac, c'est pur délice pour un bon nageur. Pour qui ne sait pas nager c'est, suivant le motif, un acte de courage ou une pure folie. Il en est de même de la haute montagne en beaucoup de circonstances. Grimper une paroi de rocher presque verticale est une gymnastique pleine d'attrait pour l'homme bien exercé, alors que le pied ou la main trouvent à utiliser de toutes petites saillies imperceptibles pour le novice. L'habile grimpeur, comme le bon nageur, n'a pas pour cela besoin de courage. L'alpiniste novice, par contre, est dans la même situation que l'homme qui ne sait pas nager... De là viennent les témoignages d'admiration décernés aux guides pour un prétendu courage qui n'est qu'habileté et connaissance du métier.

Des circonstances exceptionnelles peuvent seules mettre en évidence le courage proprement dit d'un guide. Cela arrive, par exemple, lorsque la situation est telle que l'on ne sait pas si l'on en sortira vivant. Alors le sang-froid, l'énergie et le courage sont mis en jeu de concert. La gravité de la situation peut résulter soit de la persistance du mauvais temps, soit des brouillards par lesquels on s'égare, soit d'un ouragan de neige accompagné d'un vent glacial qui chasse des aiguilles de glace, soit d'un froid intense qui paralyse le mouvement des muscles, soit, au contraire, d'un ardent soleil déterminant des chutes de glace ou de pierres le long d'un couloir qu'il faut franchir.

Nous avons décrit ailleurs un cas semblable qui s'est produit au sommet de la paroi de glace du Mont Scerscen. Nul de nous n'eut pu dire si nous aurions jusqu'au bout la force de tailler des marches, si nous ne perdrions pas la tête à rester pendant des

heures suspendus contre la glace au-dessus
de l'abîme, si nous ne manquerions pas le
point, invisible pour nous, où une arête de
rocher, seul chemin pour la descente, prend
naissance au pied de la paroi de glace.

II

Nous nous mîmes en route, le 19 janvier, le long de la grande route du Val d'Aoste pour atteindre Villeneuve, point où le Val Savaranche s'ouvre dans la direction du sud. Nous suivons ensuite cette dernière vallée. Le chemin est en très bon état et nous avançons aussi vite qu'en été. Après la première montée rapide, nous contemplons, en nous retournant, le Mont Blanc dans toute sa majesté, tandis qu'à nos pieds s'étend la populeuse vallée d'Aoste, avec ses châteaux, ses églises et ses innombrables habitations. Le Val Savaranche, au contraire, est profondément encaissé et, dans sa partie inférieure, fort peu peuplé. Les flancs de la vallée sont tapissés de pins, de sapins et de mélèzes. Aujourd'hui des cascades glacées étincellent entre les arbres noirs ; mais en été, surtout par un temps calme, la chaleur doit devenir intolérable dans cette étroite vallée.

Partis d'une altitude de 650 m., nous nous élevons en quatre ou cinq heures à un niveau de 1550 m. La neige, peu épaisse au début, le devient de plus en plus ; mais le chemin est toujours frayé. La température, de quatre ou cinq degrés au-dessous de zéro, est aussi agréable que possible.

Le chef-lieu que nous devons gagner aujourd'hui, porte le même nom que la vallée. Il est situé à la base occidentale de la Grivola. Ce sommet qui a près de 4000 m., est le deuxième en altitude du massif du Paradis. L'autre versant de la Grivola tombe dans la Vallée de Cogne d'où j'étais parti en 1888 pour faire l'ascension de cette cime et redescendre ensuite sur Val Savaranche. Ce lointain petit village ne m'était donc pas inconnu et, contre mon attente, j'y trouvai bon accueil. Lors de ma dernière visite, le gîte avait été des plus primitifs. La couchée dans l'un quelconque des chalets, les repas dans la cuisine d'un autre, et des prix dignes de la capitale de la Lombardie ! L'hôtesse bigote était si accoutumée aux explosions de colère des voyageurs écorchés que cela lui manquait lorsqu'on ne s'y livrait pas.

Cette calamité nous est épargnée grâce à

la création d'une petite auberge qui porte le titre de Restaurant du Club Alpin. On dispose pour moi la salle à manger, située au premier étage, et pourvue d'un poêle de fer. Au-dessous, le rez-de-chaussée présente une disposition originale ; il se compose d'une seule pièce dont une moitié sert de salle à boire, l'autre d'étable pour les vaches, aimable promiscuité dont bêtes et gens semblent se trouver également bien[1]. J'use moi-même de ce salon commun. L'une des tables est occupée par mes guides ; à l'autre se trouvent des gardes-chasse royaux. Val Savaranche sert, en effet, de poste à neuf ou dix gardes-chasse, trois gardes-forestiers et cinq carabiniers. Ils logent dans une grande maison de pierre en face de la jolie église.

La nuit est paisible et belle ; le flanc gauche de la vallée étincelle sous les rayons de la lune. Nous faisons nos préparatifs dans la soirée et engageons quatre porteurs qui

[1] Dans les régions élevées du département français des Hautes-Alpes, cette cohabitation du bétail et de la famille est assez fréquente. Le déboisement des montagnes a été si absolu que, faute de tout combustible, les habitants sont obligés de recourir à la chaleur animale comme seul moyen de chauffage. (*Trad.*)

nous accompagneront jusqu'à la cabane. Enfin, le mardi 20 janvier, à 7 heures du matin,
par huit degrés de froid, nous nous mettons
en route pour le Grand Paradis (4061 m.).

Le paysage me revient à la mémoire tel
que je l'ai vu en plein été ; la vallée toute pa-
rée de sa riche végétation alpestre ; de plan-
tureuses prairies s'élevant en molles ondulations qui charment le regard ; les mélèzes ha-
billés de vert clair, les pins et les sapins
moins sombres que maintenant. Quel contraste ! Aujourd'hui tout est mort ! La riante
vallée aux mille couleurs aussi bien que les
sommets glacés.

Nous faisons halte à Pont ; non plus, comme
trois ans auparavant, chez d'aimables montagnards, dont le chalet a du reste été détruit par un incendie, mais dans une étable
abandonnée où nous allumons, sur les dalles,
un feu qui donne plus de fumée que de
chaleur.

Au-dessus de Pont commence la montée
proprement dite, qui aboutit à la cabane
bâtie sur les flancs du Grand Paradis. Après
une surface plane dont le tapis éblouissant
nous vient jusqu'aux genoux, nous attaquons
une pente rapide, d'abord au fond d'une

gorge remplie de neige, le long de cascades glacées, puis sur un mamelon assez raide où la neige est durcie par place.

Plus loin voici des éboulis dont les blocs émergent parfois hors de leur manteau d'hiver. Nous avançons de rocher en rocher, comme dans le lit d'une rivière à sec. La neige qui avait été aussi mauvaise que possible dans le fond de la vallée au-dessus de Pont, devient meilleure sur les pentes. Sa présence paraît être en relation directe avec l'intensité du vent. De là des transitions brusques quand on passe d'un endroit abrité à un autre qui ne l'est pas. Certaines places sont complètement balayées. L'herbe desséchée est à nu, et l'on voit les petites pelotes du silène. Elles sont colorées en jaune d'ocre par la gelée, tandis qu'en été ce sont de petits coussinets verts émaillés de fleurs roses. Ce même *silene acaulis* tapisse en grande abondance le sol du cap Nord, dans la Norvège, où il constitue le trait dominant de la végétation. Ailleurs, la neige a été déblayée autour du feuillage vert sombre du rhododendron. C'est l'œuvre des chamois cherchant leur pâture. Durant l'ascension, nous en vîmes un nombreux troupeau gagner les hauteurs sous nos yeux.

Dans l'après-midi, vers deux heures et demie, nous atteignons la cabane Victor-Emmanuel, terme de notre journée. Ce refuge est situé à 2750 m., sur un terrain peu incliné, au pied d'un contrefort de rochers qui appartient aux assises inférieures du Grand Paradis. En été, les blocs sont environnés d'herbe et de fleurs telles que le myosotis, le sedum rouge, le phyteuma, la gentiane violette, la blanche parnassie, et de grandes pensées au parfum pénétrant et caractéristique. A 400 mètres plus bas se trouvent deux chalets de pierre où le bétail séjourne jusqu'en septembre. On y rencontre naturellement des orties. Fidèles compagnes de toutes les habitations alpestres, elles viennent s'implanter dans le voisinage immédiat des chalets, et ont envoyé quelques maigres colonies jusqu'à la cabane du Grand Paradis.

Un glacier, d'où sort un ruisseau qui descend sur la rive droite du val Savaranche, forme dans le voisinage de la cabane un petit lac de moraine. Même en janvier, nous y trouvons de l'eau en cassant la surface glacée. Au-dessus de ce glacier, soit vers la droite du spectateur qui se tient devant la face sud de la cabane, s'étend une chaîne neigeuse dont les points culminants sont le dôme du Ciarforon (3640 m.) et la pyramide du Monciair (3540). Ce sont les montagnes les plus élevées que nous ayons en vue. Toutes les autres sont couvertes, ainsi que le fond du val Savaranche dont nous n'apercevons que les pentes supérieures.

Le refuge est dans un site moins sauvage et plus gracieux que la cabane des Jorasses. La muraille du côté du sud porte une plaque de marbre avec cette inscription : *Alla memoria del Rè Vittorio Emanuele il Club alpino italiano erigera, 1884.* Cet abri est digne de son royal patron ; il se divise en six compartiments, avec deux poêles ; tout y est si bien aménagé que, lors de ma première visite, en 1888, j'avais écrit dans le livre des visiteurs ces mots (en français) : « Pour un roi c'est un refuge ; un palais pour un simple mortel ».

Il y a, du reste, des motifs spéciaux pour que cet abri porte le nom de Victor-Emmanuel. Près de la gare d'Aoste s'élève une statue de bronze représentant le roi en tenue de chasse avec un bouquetin mort à ses pieds ; sur le socle on lit cette inscription : *Au roi chas-*

seur. Le territoire dans lequel le roi chassait
de préférence est précisément le massif du
Grand Paradis, le seul de toutes les Alpes
qui possède encore des bouquetins. A val
Savaranche, aussi bien que dans la vallée de
Cogne, le *Rè galantuomo* avait fait construire des pavillons de chasse où il séjour-
nait des semaines, jouissant partout de la
plus grande popularité. Des chemins avaient
été établis dans plusieurs directions, le long
des pentes rapides, pour que le roi pût se
rendre à cheval aux différents affûts. Quelques-uns de ces chemins ont disparu, mais
plusieurs autres sont entretenus, car le roi
Humbert recherche aussi les chasses pittoresques parmi les populations montagnardes
qui l'honorent comme le bienfaiteur des pauvres et comme un prince rempli d'une sympathique pitié pour toutes les misères humaines.

Les appréciations varient beaucoup quant
au nombre des bouquetins dans le val Savaranche ; en moyenne on peut estimer qu'il
y en a de trois à quatre cents. Les chamois
doivent être quatre fois plus nombreux. Cela
s'explique par le fait qu'ils descendent beaucoup plus bas et disposent par conséquent

d'une aire plus étendue pour leur nourriture. Les bouquetins, même en hiver, se tiennent très haut, parce que, disent les gens, ils ont le sang plus chaud. Néanmoins, de la vallée, nous en aperçûmes plusieurs. L'un d'eux, vu de profil, sur une arête et se détachant nettement sur le ciel avec ses énormes cornes, formait à lui seul un tableau frappant. Les bouquetins ne perdent pas leurs cornes, auxquelles chaque année ajoute au contraire un nouvel anneau. Ils atteignent, au dire des gardes-chasse, l'âge de vingt-trois ans, et périssent lorsqu'ils deviennent incapables de manger leur dure nourriture d'hiver. Les petits sont mis bas au commencement de juin ; les braconniers leur tendent des pièges pour les prendre vivants et les vendre à l'étranger.

Les dernières heures de la journée du 20 janvier furent magnifiques. Je restai longtemps au soleil, sur le banc devant la cabane, jouissant en épicurien des splendeurs de la nature. Les montagnes étaient baignées d'éther. Un petit nuage rose, avant-coureur du coucher du soleil, flottait solitaire près de l'horizon au sud-ouest. Mais la température s'abaissa rapidement.

A 3 heures après midi, il faisait 13 degrés de froid ; à 8 heures il y en a 15. La nuit vient. L'intérieur de la cabane est très confortable ; malgré cela je sors souvent pour m'imprégner des beautés caractéristiques du paysage. Dans cette solitude, dans ce désert sublime, la nuit revêt une sorte de solennité religieuse. La lune inonde la terre de sa clarté et les cimes neigeuses des environs, le Ciarforon et le Monciair, se dressent lumineuses dans le ciel étoilé. Vers le nord seulement s'étendent quelques nuages blancs chassés par le vent. Une brise légère souffle ici, et cependant on ne sent pas le froid.

Notre soirée est encore plus belle que celle des Jorasses, où l'incertitude au sujet de l'expédition du lendemain, tempérait la joie. Le Grand Paradis, au contraire, ne nous donne aucune appréhension. Nous connaissons le chemin. Ayant déjà fait l'ascension, nous savons qu'aucun sommet peut-être n'offre un accès aussi facile que le Grand Paradis par val Savaranche. Par contre, il en est peu d'aussi difficiles lorsqu'on monte du val de Cogne. Plus d'un touriste a tenté, sans succès, de le passer en col, de Savaranche à Cogne. Rey et moi sommes peut-être les premiers à qui cette traversée ait réussi. En revanche, on est dès longtemps monté de Cogne au Paradis par le glacier de la Tribulation, avec descente par le même chemin.

Dans la même nuit du 20 au 21 janvier, deux ans auparavant, seize italiens accompagnés de onze guides piémontais ont couché à la cabane et atteint le lendemain, sans grande difficulté, le sommet du Paradis. Une ascension aussi nombreuse n'est possible que si les rochers et la glace sont également propices. Les guides étaient tous de val Tournanche. Le registre des visiteurs mentionne parmi eux : Jean-Baptiste Carrel et Jean-Joseph Maquignaz. Ces deux hommes avaient fait les premiers l'ascension du Cervin par le versant méridional. Pendant plus de vingt-cinq ans ils n'avaient pas démenti la renommée qu'ils s'étaient ainsi acquise dans l'été de 1865. En 1890, durant l'automne, à l'âge de plus de soixante ans, et presque en même temps, tous deux ont succombé aux dangers de leur profession. Maquignaz a disparu sans laisser de traces, avec le comte italien Villeneuve et un autre guide, dans le massif du Mont Blanc. Ils sont probablement tombés tous trois d'une haute arête dans une crevasse du glacier de Bionassey. Carrel a péri au-dessous du col du Lion, en descendant de la cabane italienne du Cervin. En août 1890, il avait encore fait la traversée du Mont Blanc. Jusqu'à la dernière minute, il s'acquitta de son devoir, et tomba pendant la marche. Le guide, son camarade, n'eut que le temps de prononcer une prière, puis il mourut comme un héros au champ d'honneur.

Nous nous livrâmes au sommeil avec la conviction que le beau temps se maintiendrait.

Mais un changement se produisit pendant la nuit. Le ciel se couvrit, la brise se transforma en un vent violent, une neige fine recouvrit le sol, enfin la température s'éleva de — 15° c. à — 11° c. Nous aurions pu attendre dans la cabane le retour du beau temps. Mais on n'osait espérer un prochain changement, et je redoutais l'ennui d'une journée entière d'inaction. Nous redescendîmes donc à val Savaranche sans retrouver nos traces que la neige avait effacées, et, vers midi, nous atteignîmes le village, par une forte chute de neige. L'air devenait de plus en plus épais et semblait prendre lui-même une consistance neigeuse.

Le lendemain jeudi, au matin, le ciel est encore gris et l'atmosphère agitée. Après avoir emballé nos bagages nous allions repartir à 11 heures pour Courmayeur, lorsque les nuages s'ouvrent. Je décide aussitôt de remonter à la cabane et mes hommes accueillent cette proposition avec joie. Il faut une heure pour renouveler les provisions. Je laisse ce soin au guide-chef et pars en avant pour Pont, où la caravane me rejoint.

Les faveurs du ciel ne durent pas. Le fond de la vallée se recouvre déjà de nuages pendant que nous faisons la halte obligatoire à Pont. Un vent du nord-ouest descend du Mont Blanc en sifflant avec une violence croissante. On ne dit mot afin de ne pas parler du temps.

Nous repartons de Pont à 2 heures et demie et reprenons, presque sans espoir, ce chemin que nous parcourions deux jours auparavant remplis d'une joyeuse assurance. Tant que nous montons à l'abri des contreforts inférieurs, nous ne rencontrons pas grande difficulté. Mais bientôt la situation change. En atteignant les arêtes qui séparent les vallons latéraux, nous entrons dans le domaine du vent. Il souffle avec une telle violence que nous sommes parfois obligés de nous coucher par terre. Des aiguilles de glace courent dans l'air et nous entament la peau. La respiration est coupée, la tête nous fait mal et nous nous sentons glacés jusqu'à la moëlle.

Si l'intensité de l'orage se fut prolongée, nous n'eussions jamais atteint la cabane. Lorsque de tels obstacles se présentent à une altitude de 2300 m. seulement, il est facile de se rendre compte que les forces humaines, suffisantes pour vaincre les difficultés ordinaires de la montagne, ne peuvent triompher de la puissante résistance du mauvais temps. Après de dures souffrances, nous atteignons enfin la cabane vers 5 heures après midi. Dans les coins et sur le sol s'est déposée une neige fine, entrée à travers le toit et les murs. Chacun de nous en trouve aussi une mince couche dans ses souliers. C'est, évidemment, la transpiration qui s'est congelée.

La nuit est épouvantable ; le vent fait rage et les flocons de neige dansent dans la vaporeuse clarté de la lune voilée.

Le lendemain matin la neige tombe toujours. On ne peut songer à rester ; tout au plus à revenir. Deux fois nous sommes montés en vain, nous élevant de douze cents mètres en six à sept heures de marche. Je rencontre maintenant de l'opposition, et l'énergie surexcitée de mes hommes se tourne quelque peu contre moi.

Nous commençons la descente en silence et accueillons bientôt avec plaisir un nouveau changement de temps. Un couloir rapide s'offre à nous. Assis sur la neige, nous exécutons une joyeuse glissade qui relève complètement notre moral. Pendant une halte à Pont, le temps se rassérène et le ciel se découvre de plus en plus. Les misères de la veille et de la nuit dernière ne nous apparaissent plus que comme un mauvais rêve, dont il nous reste cependant une certaine disposition au sommeil, bientôt dissipée par un intermède inattendu.

Nous avions quitté depuis une heure le groupe des chalets de Pont et, après avoir traversé un replat de la vallée, nous venions d'entrer dans une sorte de gorge, lorsque nous apercevons sur la gauche, à cinquante pas, un chamois mâle. Il est enfermé dans un cirque de rochers barré par la route qu'occupent mes gens. L'animal cherche à s'échapper par les rochers, mais il lui faut, pour cela, franchir une haute paroi. Il s'élance, parvient jusqu'à mi-hauteur, et essaie de grimper encore sur les genoux. A bout d'élan, il retombe pour s'élancer de nouveau. Chaque fois, il gagne un peu de terrain, comme s'il avait appris à mieux se servir de ses genoux. La tentative se renouvelle six ou sept fois, puis l'animal prend une résolution désespérée. Il s'élance en droite ligne vers la caravane des guides, passe entre deux d'entre eux, si près qu'on eut pu l'abattre d'un coup de piolet, et s'enfuit.

Il se dirige vers une autre pente et bondit vers les hauteurs. Sa respiration haletante s'échappe en petits nuages de vapeur. Chose curieuse, ce chamois n'avait qu'une seule corne ; l'autre avait sans doute été brisée par la chute d'une pierre.

Lorsque nous arrivons à Savaranche, le ciel est sans nuages ; le vent paraît être tombé, même dans les hauteurs ; le thermomètre marque zéro, et le baromètre a sensiblement monté. La nuit suivante est très douce et admirablement éclairée par la lune.

III

Nous ferons, cela va sans dire, une nouvelle tentative demain matin. Tout annonce le beau temps, y compris les météorologistes du village. Du reste, les gens croient ici que, dans la règle, il fait beau le samedi. Ils disent, en proverbe : moins de samedis sans soleil que de jeunes filles sans amour.

Nous partons donc le samedi matin pour la troisième fois. Le porteur qui nous a accompagnés jusqu'ici déclare qu'il ne se sent pas la force d'entreprendre une troisième ascension ; un vigoureux compagnon prend sa place.

Il semble que nous allons être dédommagés de tous nos malheurs. Je ne puis échapper cependant à un sentiment de mélancolie pendant notre trajet jusqu'à Pont. C'est la cinquième fois en cinq jours que nous faisons ce chemin dans l'un ou l'autre sens, et l'uniforme tapis de neige le rend monotone. Je suis bien obligé de convenir que les paysages d'été sont plus variés et surtout plus richement colorés, grâce à la verdure des forêts et des prairies et aux teintes brunes ou gris jaune de la terre et des rochers. En outre, la neige des hauteurs rayonne avec bien plus d'éclat. Maintenant, bien que nous soyons dans la zone de la végétation, nos regards cherchent en vain l'émail varié des fleurs et des prairies. Le sol que nous foulons ne nous offre que de la neige, au milieu de laquelle le gris bleu des cascades de glace est le seul élément de variété.

Un aigle décrit des cercles au-dessus de la montagne, et deux bouquetins se montrent immobiles sur les pentes lorsque nous arrivons à Pont. Il fait très chaud. Mes hommes ont ôté leurs habits et les ont mis sur leurs sacs. Je vais moi-même sans voile et sans gants. Nous retrouvons partout nos traces dans la neige et atteignons la cabane à trois heures après midi, sans aucune difficulté.

Je n'aurais jamais supposé qu'en hiver le temps pût subir des changements aussi brusques que ceux que nous avons constatés du lundi au samedi. Il est vrai que le massif du Mont Blanc et les Alpes Graies sont, comme nous l'avons déjà dit, beaucoup plus exposés au vent et aux tempêtes de neige que l'Engadine, par exemple. Nous jouissons maintenant d'un temps vraiment splendide, et, à cette altitude de 2750 m., le 24 janvier dans l'après-midi, la température est voisine du point de dégel. Par contre, dans l'intérieur de la cabane, elle est inférieure de quatre degrés.

Sous les rayons du soleil, les linteaux de la porte émettent des vapeurs saturées d'humidité, et le toit de plomb dégoutte activement par l'effet de la fonte. Des bouffées de vent se font sentir et donnent raison au vieux garde-chasse, qui nous a dit, à Pont, que la tempête règne encore dans les hauteurs. On peut voir que le vent chasse la neige à la surface du glacier ; sous la forme d'un nuage de poussière elle ne cesse de bondir en droite ligne par-dessus la moraine, semblable à un escadron franchissant au galop la barrière d'un manège.

L'expérience des derniers jours nous a rendus méfiants. Nous profiterons immédiatement du beau temps et n'attendrons pas à demain pour entreprendre l'ascension. De concert avec Rey, je décide de partir dans la nuit, et d'aller contempler le lever du soleil du haut du Grand Paradis.

Les annales de l'alpinisme n'ont pas encore enregistré une ascension de nuit en hiver. Ce sont les désagréables surprises dont nous avons été victimes qui nous poussent à tenter l'aventure. La nature elle-même nous vient en aide, car la pleine lune brille dans un ciel sans nuage lorsque, un peu avant minuit, nous quittons la cabane par six degrés de froid.

Dans la bonne saison, on peut atteindre le sommet en quatre heures et demie, sans compter les haltes. La différence d'altitude est de treize cents mètres.

Près de la cabane se dresse une arête latérale longue d'environ deux kilomètres et demi, qui s'élève entre deux glaciers jusqu'à la ligne de faîte ; le glacier de gauche se nomme Glacier du Paradis. On monte dans son bassin, en se tenant tout contre l'arête. Celle-ci rejoint la crête supérieure à angle droit, à deux cents mètres plus bas que le sommet, qui n'est plus éloigné que d'un kilomètre en ligne horizontale. De là on prend à gauche, vers le nord, et l'on atteint la cime le long de la ligne de faîte.

Mais, en réalité, ce n'est pas aussi simple que cela, et la marche est accidentée. On rencontre d'abord des rochers en pente rapide, puis un plateau de granit faiblement incliné avec des champs de neiges éternelles, enfin des pentes de névé, des arêtes rocheuses et des crêtes de neige. La plus forte rupture du névé se trouve à 70 m. au-dessous du sommet. Il y a là une paroi de glace que l'on gravit en taillant quelques marches.

Pour atteindre le haut de l'arête latérale, il nous faut suivre une gorge rocheuse, abritée du vent, où la neige s'est amassée en abondance. Nous avançons à grand'peine entre les blocs d'éboulis. La plateau de granit est recouvert d'une couche égale de bonne neige. Il n'y a pas un souffle d'air, et la coupole du Grand Paradis est bientôt en vue.

Enfin nous touchons au but ! J'ai vécu peu de minutes aussi solennelles qu'en cet instant d'une nuit de janvier. Cependant, quelque étrange et extraordinaire que fût la situation, elle évoquait en moi des souvenirs. Ces tableaux ne me semblaient pas absolument nouveaux. Que pouvaient-ils bien me rappeler ? Peu à peu la mémoire me transporta à sept années en arrière et à des milliers de kilomètres de distance, dans un lointain continent de l'hémisphère méridional. En faisant l'ascension de l'Aconcagua, le plus haut sommet des Andes, j'avais traversé un vaste névé à 5000 m. d'altitude. Comme en ce moment, l'air était calme, la pleine lune rayonnait sur les blanches étendues de neige audessus desquelles se dressaient, à près de sept mille mètres, les arêtes grisâtres de la montagne géante. Là-bas aussi la nature nous avait montré tour à tour et sa douceur et sa rudesse. Une journée d'orage avait succédé à une nuit paisible.

Le changement fut plus brusque encore pour nous au Grand Paradis. Le vent se lève, modéré d'abord, puis fort, puis violent, jusqu'à mettre en question le succès de l'entreprise, et cela en dépit d'un ciel absolument pur. Les mains commencent à nous faire mal, la barbe se change en un bloc de glace, des larmes, filles de la rafale, se gèlent sous les paupières, le doute nous ébranle. Nous avançons, muets et sans relâche, et gagnons enfin la bataille. Après quatre heures quarante minutes de marche, le 25 janvier à 4 heures du matin, nous atteignons le sommet du Grand Paradis.

Le point le plus élevé (4061 m.) est une arête de neige. Un peu au-dessous se trouvent des roches de granit à stratification horizontale et d'aspect étrange. Elles plongent rapidement sur l'autre versant du côté de Cogne. A la clarté de la pleine lune mes doigts glacés ont peine à tracer quelques notes indispensables et je consulte le thermomètre qui marque 17° de froid.

Grâce à la bonne consistance de la neige, l'ascension n'avait pas demandé plus de temps qu'en été. Le vent avait, par place, si complètement durci la surface que, malgré sa violence, il n'en détachait pas un brin de neige. Mais il nous avait interdit toute halte. Aussi avions-nous atteint le but plusieurs heures trop tôt. Il ne pouvait être question d'attendre le lever du soleil. Nous risquions de geler sur place. Nous restons cependant dix minutes au sommet et pouvons contempler distinctement les parties les plus voisines de la montagne [1].

---

[1] Grâce à la chaleur développée par la marche, on peut supporter, sans trop de difficulté, une température plus basse encore. La même année, huit jours auparavant, soit le samedi 17 janvier 1891, neuf membres de la Section genevoise du Club alpin suisse se trouvaient au sommet du Mont Joli, à une altitude

Au-dessous de nous c'est le redoutable précipice du versant qui regarde Cogne, et voici, à cent mètres seulement, la paroi de rochers où j'ai cueilli en abondance, à l'altitude de 3960 m., la renoncule glaciaire et le thlaspi à feuilles rondes.

L'arête de neige du sommet est très étroite; elle surplombe même, et c'est un danger. Le 9 septembre 1888, je me trouvais ici en plein jour. Nous étions sur le point de commencer la descente du côté de Cogne, lorsque tout à coup, sans bruit et à l'improviste, une partie de la corniche s'écroula dans le précipice où nous allions descendre. Ce fut comme un coup de magie. Heureusement nous avions pris la précaution de nous tenir en contrebas, et Rey fut tout content parce que cette rupture nous épargnait la peine d'abattre la

beaucoup moindre il est vrai (2527 m.), mais par un vent du nord non moins violent. Le thermomètre, gradué jusqu'à — 23° c., ne donnait plus aucune indication exacte, la colonne de mercure était entièrement rentrée dans la boule. La température était donc certainement inférieure à ce chiffre. Malgré cela nous pûmes séjourner une demi-heure au sommet et faire une photographie. Deux de nos compagnons eurent, il est vrai, les oreilles légèrement gelées, n'ayant mis, pour les protéger, qu'un mince foulard par-dessus leur chapeau.

(Trad.)

corniche. Nous utilisâmes la brèche en passant au travers.

Aujourd'hui nous ne sommes nullement tentés d'en faire autant ; nous cherchons au contraire à nous abriter sous les rochers voisins.

Malgré la transparence de l'air, les chaînes éloignées ne montrent que leurs profils grisâtres ; la clarté de la lune n'est pas assez vive pour permettre aux regards de s'étendre au delà de cinquante à soixante kilomètres. Nous parvenons à reconnaître les deux Mischabel, le Mont Blanc, le Mont Rose, le Cervin et la Dent Blanche, parce que précédemment nous les avons vus de jour. Ce que nous distinguons le mieux, c'est la chaîne du Mont Blanc.

Si tout va bien, nous pourrons atteindre val Savaranche aujourd'hui 25 janvier, et Courmayeur le 26. Notre premier jour de repos sera le 27, et j'invite du haut du Grand Paradis tous mes guides à un dîner pour fêter cette date.

Puis nous descendons à la hâte, non sans ressentir les effets du froid et de la violence croissante de la tempête. La rapidité de la marche, les champs de neige étincelant à

nos pieds, les formes fantastiques des arêtes
au-dessous de nous, la fureur des éléments
que nous avons à braver à cette altitude et
par un temps si menaçant, la légitime fierté
d'avoir atteint le but en dépit de tant d'obstacles, tout cela nous électrise, corps et âme.
Je puis dire que jamais encore situation plus
saisissante ne s'est offerte à moi. L'imagination d'un Byron ne saurait rien inventer de
plus sauvage, de plus grandiose et de plus
menaçant. Je ne voudrais pas revivre une
fois encore un instant semblable. Mais l'avoir
vécu, quelle fortune ! quelle révélation des
puissances de la nature !

Dans l'espace incroyablement court de
deux heures et dix minutes, nous achevons la
descente et, vers 6 heures et demie du matin, nous atteignons le seuil de la cabane.

A l'exception du pouce de la main droite,
j'ai tous les doigts gelés. Le plus fortement
atteint est le médius de la main droite,
celle qui porte le piolet. J'ai de grandes souffrances en perspective. Pendant des semaines,
je ne pourrai me servir de cette main. Mais
tout cela me paraît dans l'ordre ; c'est
justice ! Notre opiniâtreté nous a conduits
au but. Je peux bien le payer par mes doigts

gelés. En outre, cela à son bon côté. Après avoir été invalide pendant quelque temps, on apprécie mieux la santé et des membres en bon état comme le premier des biens et le plus digne de tous nos soins.

Nous nous reposons quelques heures dans la cabane. La réaction de la souffrance corporelle rend ce repos nécessaire. Puis à 11 heures, nous redescendons pour la troisième fois vers val Savaranche que nous atteignons à quatre heures.

Le lendemain, nous partons pour Villeneuve, d'où nous nous rendons en char à Pré-Saint-Didier, pour remonter par le clair de lune à Courmayeur. Pendant ces huit jours de marche ininterrompue, nous avons gravi et redescendu en tout six mille mètres.

Mes projets étaient réalisés. Je restai encore quelques jours à Courmayeur et pris, le 29 janvier, le chemin du retour.

Trois mois après, je ressentais encore des douleurs aux ongles de la main droite. Cela me reportait souvent à cette fameuse nuit du Grand Paradis. Que de désagréments et de maux elle m'avait causés! Mais aussi quelle démonstration de la force d'endurance dont l'homme est capable lorsque le but en vaut la peine.

Ce but sera apprécié de la façon la plus diverse suivant les personnes, et c'est précisément de la diversité des appréciations que naît la différence considérable entre les sommes d'effort dont chacun est capable. Ceux qui ne peuvent se rendre compte de certains états d'âme méprisent souvent et raillent même des ambitions qui leur sont trop étrangères. Aussi n'est-ce pas un mince éloge que de dire de quelqu'un que rien d'humain ne lui est étranger.

Nous nous sommes proposé dans cette narration de faire connaître les grandes ascensions d'hiver, leurs jouissances, leurs difficultés, leurs dangers.

Il en doit ressortir des encouragements aussi bien que des réserves. Les conditions du temps et de la neige sont si variables en hiver, que l'on ne peut jamais prévoir avec quelque certitude les résultats d'aucune expédition. On risque toujours d'avoir quelque membre gelé, d'être surpris par la nuit ou par l'orage. Si l'on perd la partie, il faut

savoir se moquer des railleurs. Réussit-on,
l'on se trouve largement payé de ses peines.
Il est plus prudent, sans aucun doute, de
rester chez soi. Mais si l'on ambitionne la
joie de revenir vainqueur, il faut pour cela
savoir affronter le champ de bataille.

LE MASSIF DU MONT BLANC

LE MASSIF
DU MONT BLANC

I

Mes excursions d'hiver dans le massif du Mont Blanc et les Alpes Graies m'ont laissé de profondes et vivifiantes impressions. De retour dans mon paisible cabinet de travail, je me transportais souvent en pensée vers ces lointains sommets et la plume vacillait encore entre mes doigts gelés lorsque j'entrepris la description de mes ascensions.

En juillet 1891, de nouveaux voyages m'apportèrent des impressions à la fois différentes et analogues, inspirées par les *Fjelds* norvégiens chargés de neige, et leurs précipices plongeant dans la mer. Lors donc que je me retrouvai, le 2 septembre, dans les lieux mêmes que j'avais visités le 14 janvier, j'avais derrière moi un ample parcours semblable à celui d'un pendule oscillant entre les Grandes Jorasses et le Cap Nord. Trente-trois semaines s'étaient écoulées, pendant lesquelles j'avais traversé deux fois tous les degrés de latitude situés entre le quarante-sixième et le soixante et onzième parallèles. Incessante variété de spectacles, augmentée encore par la diversité des modes de locomotion : paquebots, chemins de fer, chevaux, mulets, carrioles, bateaux et même traîneaux sur les hauteurs du Folge-Fonn. Mais les excursions à pied l'emportaient par la richesse des souvenirs.

Tout voyageur qui a publié une description voudrait pouvoir la remanier, une fois qu'il a revu le théâtre de ses exploits. Tel fut mon sentiment lorsque, vers la fin de l'été, j'eus cédé au désir de gravir de nouveau les sommets que j'avais affrontés au cœur de l'hiver. J'ai pu en effet comparer, pas à pas, les impressions reçues à peu d'intervalle et aller, dans la saison du soleil, retrouver mes haltes, mes rêves et mes jouissances, sur les mêmes sommets où les poussières de neige et la tempête d'une claire nuit de janvier m'avaient assailli et maltraité.

Le succès dépassa mon espoir. La nature

voulut sans doute nous dédommager de nos maux en nous accordant le temps le plus beau et le plus stable pour cette seconde excursion aux Jorasses et au Grand Paradis.

C'est une grande jouissance que de retrouver et de rafraîchir ses impressions. Il est à tous égards intéressant et profitable de noter sur place, durant la marche, ses observations et ses réflexions. Si l'on s'en fait un devoir, on se trouve posséder, à la fin de chaque expédition, un ensemble de données d'une utilité, parfois même d'une originalité frappantes. Ces notes renferment en elles-mêmes quelque chose du paysage. C'est ce qui leur donne un cachet original. Elles sont comme imprégnées du parfum du sol, et animées du vent du glacier. Il y a un intérêt spécial à comparer des descriptions prises sur place dans les mêmes lieux, en des excursions successives et dans des conditions différentes. La comparaison des chiffres de température et de pression atmosphérique a aussi sa valeur; elle permet, entre autres, de contrôler par une seconde mensuration l'altitude d'un point donné.

En raison de ce second voyage, j'allais être obligé d'ajouter un appendice au récit de

mes excursions d'hiver. Cela fit différer la
publication du récit, et cet appendice devint
le point de départ du travail entièrement
neuf que nous donnons aujourd'hui. Ce travail fut conçu en pleine excitation, au retour
de ma seconde ascension du Mont Blanc, en
septembre 1891. Mais au moment de l'entreprendre des doutes me vinrent sur son op-
portunité.

Convenait-il de traiter encore une fois le
vieux thème de la haute montagne et cela
dans un cadre aussi connu que le Mont
Blanc? L'intérêt de ces études n'est-il pas
moindre pour le lecteur que pour l'auteur,
étant moins personnel et moins vivant? Pour
ce dernier, la haute montagne, qu'il contemple sous ses aspects toujours nouveaux,
se pare du charme d'une éternelle jeunesse.
A peine de retour, il voudrait partir de nouveau. L'excitation dans laquelle il vit, particulièrement au cours d'une longue et difficile expédition, lui laisse une riche moisson
de pensées et de sensations nouvelles. De là
une plénitude de jouissances qu'il voudrait
faire partager aux âmes sympathiques.

Mais lorsque vient l'apaisement, lorsqu'on
a quitté les tables glaciaires pour celle qui

porte l'écritoire, le désert, le vide se font dans la tête et le cœur de l'enthousiaste. Cependant tout n'est pas perdu, car dès qu'il s'est rendu compte que, sans forcer la note, il peut offrir, soit dans le fond, soit dans la forme, quelque chose de réellement nouveau et faire naître des images et des sensations de quelque valeur, il reprend confiance en lui-même et se sent capable d'intéresser le lecteur. Les doutes se dissipent alors, et l'auteur s'approche de son sujet comme d'un fardeau, pesant il est vrai, mais qu'il espère pouvoir porter.

II

Ma connaissance du Mont Blanc repose
principalement sur quatre ascensions proprement dites et sur l'exploration des environs. La physionomie de cette montagne
varie beaucoup suivant le point de vue. A
chaque nouvelle face correspond un autre
entourage de cimes secondaires différentes
quant à leur altitude et leur point d'attache
avec le sommet, et dont l'ensemble constitue
une perspective nouvelle, au sens géométrique de ce mot. Cependant ces diverses
images se fondent ensemble pour former
ce qu'on appelle la physionomie de la montagne.

Les mots « ascension du Mont Blanc »,
quelque précis qu'ils soient, ont un sens très
vague. Une ascension du Mont Blanc ne devient chose concrète que lorsqu'on sait par
quel chemin l'on a atteint le sommet, quel
temps il a fait avant et pendant l'ascension,
comment l'expédition a été organisée et

équipée, quelle fut la valeur morale et technique des participants, si la neige, le névé, la glace ont conservé les traces des caravanes précédentes, enfin dans quel état se sont trouvés les ponts de glace de la partie la plus déchirée du trajet.

Tout cela n'a pas empêché l'éclosion de nombreuses narrations, très différentes les unes des autres, et qui ont parfois varié du tout au tout au cours des années. Les mystiques frayeurs des premiers temps se sont changées en une sorte de mépris dédaigneux. Au début, ce n'étaient que légendes peuplées d'avalanches meurtrières, de séracs infranchissables, de gigantesques murailles de glace, de fragiles ponts de neige jetés sur des abîmes sans fond. Plus tard, ce fut une entreprise facilement réalisable, et cette fausse conception nuisit à la renommée de beauté de la montagne.

Peu à peu, tout cela s'est précisé grâce à un certain nombre d'hommes persévérants, bien informés, suffisamment expérimentés, qui ont enfin décrit sans exagération et avec exactitude ce qu'ils avaient eux-mêmes vu et constaté.

Les relations de la première période appartenaient à un temps où l'on ne connaissait pas encore la haute montagne, où chaque difficulté défiait le calcul, où la technique de la grimpée, de la taille des marches dans la glace, du parcours des pentes de neige dure en plantant les talons ou la pointe des pieds n'avait pas encore été inventée. On voyait le précipice, mais non le moyen d'y descendre. Bien qu'on fût sur la surface de notre terre, on croyait se trouver en présence d'une nature tout autre, d'un monde soumis à d'autres lois. Ce monde se projetait depuis des siècles dans les rétines humaines exactement sous les mêmes traits qu'aujourd'hui. Mais l'image était saisie autrement, parce que les âmes étaient autres. Il manquait une seule chose, la routine, providence de la médiocrité, avec l'aide de laquelle les plus nuls s'élèvent parfois au-dessus des plus valeureux.

La recherche de la vérité est venue aussi planter son drapeau vainqueur sur les hautes brèches des bastions alpestres. Tous les alpinistes instruits et cultivés ont contribué à ces victoires, entre autres un grand nombre d'Anglais. Ces derniers ont frayé la route, non pas partout, mais principalement dans les plus hauts massifs. Accompagnés de guides, doués de calme et d'intelligence, ils ont donné la mesure de ce que peuvent les forces humaines pour la conquête de la haute montagne. C'est en luttant avec un adversaire qu'on apprend le mieux à le connaître. De ce fait découle la valeur de l'alpinisme pour la connaissance de tout ce qui touche à la haute montagne.

Le Genevois H.-B. de Saussure conservera éternellement le mérite d'avoir suscité la première ascension du Mont Blanc, et cela à une époque où toutes les cimes neigeuses étaient encore vierges. Dès sa jeunesse, ce noble savant avait été épris du désir de gravir la plus haute montagne de l'Europe. A la suite de plusieurs tentatives infructueuses, il eut l'idée d'offrir une récompense à celui qui, le premier, atteindrait le sommet. On tenait la chose pour impossible par toute autre voie que celle de Chamonix ou de Saint-Gervais. Il s'agissait donc exclusivement du versant nord du Mont Blanc, et l'offre faite par de Saussure s'adressait, avant tout, aux hommes qui l'avaient accompagné dans ses propres tentatives.

La récompense fut gagnée en 1786 par

Jacques Balmat, de Chamonix. Ce fut plus qu'une action d'éclat. L'année suivante, de Saussure cueillit lui-même, sur le sommet du Mont Blanc, la palme invisible de la victoire, récompense méritée de ses efforts. Il attira par là les yeux de toute l'Europe cultivée sur cette montagne jusque là couverte de mystère et dont sa plume autorisée déchira bientôt les voiles. De Saussure devint ainsi le type de l'explorateur par excellence, risquant sa vie au service de la science et transportant en quelque sorte son laboratoire au sein même de la nature alpestre.

Grâce à lui et à Jacques Balmat, le Mont Blanc a dès lors tenu sa place dans l'histoire des sciences naturelles comme dans celle de l'alpinisme.

La victoire de Balmat démontre la vérité du proverbe qui dit que toute théorie est grise et que la conquête du monde est au plus courageux. Si quelqu'un accomplissait de nos jours, dans les mêmes conditions, ce que Balmat a fait il y a plus de cent ans, tous les journaux alpinistes retentiraient de clameurs d'étonnement, et, parmi les meilleurs guides d'aujourd'hui, on en trouverait difficilement un pour renouveler la tentative.

Ce point me paraît assez intéressant et assez instructif pour que je m'y attarde quelque peu.

Les jugements que l'on porte sur les explorations alpestres se basent aujourd'hui sur la distinction de deux catégories de dangers propres à la haute montagne, dont nous avons du reste déjà entretenu le lecteur. Ce sont les *dangers relatifs* et les *dangers absolus.* Les premiers peuvent être écartés grâce aux qualités personnelles de l'ascensionniste, telles que : l'habileté, la prudence, l'endurance, l'accoutumance, le sens topographique ou de la direction et la force de volonté. Les seconds peuvent parfois être évités grâce à la connaissance de la montagne ; mais une fois déchaînés, ils assaillent indifféremment tout individu, quelles que soient ses aptitudes personnelles. Ce sont : les avalanches, les chutes de pierres, les glissades sur des pentes de neige aboutissant à une rimaie, la rupture des ponts de neige, la persistance du brouillard, des tempêtes de longue durée, l'intensité du froid.

Au début, on redoutait moins qu'il ne faut les dangers absolus parce qu'on n'en connaissait pas bien la gravité. En revanche, on s'effrayait outre mesure des dangers relatifs, parce qu'on ne possédait pas encore la technique de l'alpinisme. Balmat brava les premiers et réussit à échapper aux seconds.

Il a fait la conquête du Mont Blanc, et personne ne peut prétendre à partager cet honneur avec lui. Ce qu'il y a de plus merveilleux c'est qu'il a accompli cet exploit tout seul et dans des conditions qui font particulièrement admirer son énergie, son endurance, la justesse de son coup-d'œil et son courage. Et ce qui est en outre digne de remarque, c'est que le chemin que Balmat a fini par trouver, et qui pendant longtemps a été considéré comme le seul praticable, à savoir celui qu'on appelle *l'ancien passage*, est aujourd'hui condamné, tandis que l'autre route, par les Bosses du Dromadaire, la plus pratiquée aujourd'hui, est celle devant laquelle Balmat a reculé à cause des difficultés qu'elle lui a paru présenter.

La rivalité des guides s'est déjà manifestée à l'occasion de cette première ascension. Balmat explorait depuis plusieurs jours les névés supérieurs, lorsqu'il rencontra trois hommes de Chamonix qui avaient également entrepris de gagner la prime. Il se joignit à eux contre leur volonté, et ils arrivèrent ensemble au pied de l'arête de neige des Bosses, que Balmat chercha à gravir, tandis que les autres regagnaient Chamonix.

Il resta seul au milieu des affres de la montagne.

Parvenu à une altitude d'environ 4550 m., il recula devant la roideur et l'étroitesse de l'arête, et céda sans doute aussi à l'horreur qu'inspire à un homme solitaire l'effrayante profondeur des abîmes. Il ne se découragea pas pour cela et continua à errer à la recherche d'un autre passage. S'armant à la fois de prudence et de hardiesse, il commença par regagner, au pied des Bosses, le point où se trouvent les rochers du même nom. Puis il redescendit de cinq cents mètres, soit jusqu'au Grand Plateau, traversa le fond du névé, et gravit, en dépit de son labeur des jours précédents, la côte de glace sans cesse menacée d'éboulements de séracs qui se trouve vis-à-vis des Bosses. Il atteignit ainsi la ligne de faîte, au pied de la calotte du Mont Blanc.

Le problème était résolu. Il ne restait plus qu'à mettre le point sur l'i, à gravir le champ de neige au-dessus duquel s'élève le sommet. Mais à ce moment Balmat fut surpris par l'obscurité et le mauvais temps. Il revint sur ses pas jusqu'au bord de la grande crevasse, et passa en cet endroit, dans de cruelles souffrances, la nuit du 1er au 2 juillet, à plus de 4000 m. d'altitude.

Il avait échappé jusque là au danger des avalanches, et à celui plus grand encore de la rupture des ponts de neige ; il fut exposé alors au danger de la congélation, et ne l'évita qu'en luttant énergiquement contre le sommeil. Quelle doit être l'horreur de la solitude au milieu des sauvageries de la haute montagne! Je puis m'en rendre compte par moi-même, car j'en ai fait l'expérience, et cela dans des régions plus élevées encore.

Le lendemain, Balmat redescendit à Chamonix, gardant précieusement le secret de sa découverte. Il savait du reste que personne ne croirait à son succès. D'autre part, il ne voulait pas faire cause commune avec les guides qui l'avaient si inhumainement abandonné. Il confia son secret au Dr Paccard, un compatriote, le médecin de l'abbaye des Bénédictins à Chamonix, et lui offrit de le conduire au sommet du Mont Blanc à con-

dition de n'accepter aucun autre compagnon.

Ainsi fut fait et, le 8 août 1786, Balmat
posa le pied sur la cime. Il l'atteignit d'abord
tout seul, puis il retourna chercher le Dr Paccard que l'épuisement avait arrêté près
des îlots de débris appelés les Petits Mulets.
Cela se passait à six heures et demie du
soir, et l'événement fut constaté de Chamonix avec des lunettes d'approche.

L'exploit de Balmat pénétrant dans les
régions inexplorées du monde alpestre rappelle les aventures des *mineros* dans les Andes. Ces chercheurs de minerai se risquent
souvent tout seuls en des lieux qu'aucun
homme n'a visité avant eux, dans l'espoir d'y
trouver des trésors. Ils disparaissent parfois
sans laisser de traces, comme Balmat eût pu
disparaître si quelque pont de neige se fût
écroulé sous lui, le précipitant dans un
gouffre. J'ai encore devant les yeux le sque-
lette d'un *minero* resté sans sépulture, que
je vis dans l'une des hautes vallées du massif de l'Aconcagua.

C'était aussi un trésor que Balmat allait
chercher au sommet du Mont Blanc, à savoir
la prime promise par de Saussure. Mais ce

motif d'ordre secondaire doit s'effacer devant la hardiesse de l'exploit. Plus tard, Balmat devint un vrai *minero*. L'imagination populaire croit à l'existence de trésors cachés dans les flancs du Mont Blanc, tout comme à l'Aconcagua, et l'origine de cette croyance est sans doute la même. Ces deux montagnes dominent toutes leurs voisines ; elles sont reines et, comme telles, doivent avoir des caveaux remplis de trésors.

Balmat était un imaginatif. La profession de guide, avec les obligations qu'elle impose vis-à-vis de voyageurs aux exigences souvent étranges, ne lui plaisait guère. Quiconque ne peut être maître et ne veut être domestique doit chercher sa voie tout seul. Il fut ce que j'appellerai une nature de *minero*, allant à la chasse des trésors et y perdant la vie.

Ainsi finit Balmat. A l'âge de soixante-douze ans, il partit un jour de Chamonix, tout seul, pour aller à la recherche d'une mine d'or dans le haut de la vallée de Sixt. En grimpant dans une gorge, il tomba et se tua. Un chasseur de Valorcine, qui l'avait conduit à cet endroit, fut témoin de l'accident. Le maire de Sixt, apprenant la nouvelle, força le chasseur à garder le secret, pour ne pas attirer de trop nombreux chercheurs d'or dans sa commune. La mort de Balmat ne fut connue que dix-neuf ans plus tard. On fit alors de vaines recherches pour découvrir son cadavre.

Telle fut la fin de cet homme auquel, de son vivant, le roi de Sardaigne avait décerné le titre de *Balmat du Mont Blanc.*

III

Les données historiques qui précèdent
sont empruntées au livre intitulé : *Le Mont
Blanc, par Charles Durier, Paris 1877*.
L'ouvrage a été couronné, à juste titre, par
l'Académie française, et l'auteur a été nommé
membre d'honneur du Club Alpin anglais.
Cette distinction est d'autant plus flatteuse
qu'elle émane d'un aréopage d'élite dont les
membres ont conquis sur les lieux mêmes
la connaissance qu'ils ont du grand massif
alpestre.

L'ascension du Mont Blanc se fait trop fréquemment aujourd'hui pour qu'on puisse se
borner à en offrir au lecteur la description
toute simple. Il en était autrement jadis, et
je puis moi-même mesurer l'étendue des
changements qui se sont produits depuis
mon premier séjour à Chamonix, en septembre 1859.

A cette époque on ne connaissait pas d'autre point de départ que Chamonix, et l'on

semblait ne pas se douter que le Mont Blanc possédât plusieurs faces ; on eût convenu volontiers qu'il n'avait qu'un seul versant, comme l'ombre n'a qu'un seul côté. Les habitants de Chamonix prirent peu à peu l'habitude de faire adorer leur montagne par les étrangers comme un nouveau bœuf Apis, tandis qu'elle devenait pour eux une vache à lait. Tout voyageur qui avait réussi l'ascension était accueilli au retour par des détonations de mortiers, des félicitations et toutes les marques de la plus haute considération. Tout Chamoniard prononce les mots : « Ah ! Monsieur a fait le Mont Blanc » avec une intensité d'expression admirative qu'envierait un acteur du Théâtre français. Aujourd'hui même, les gens de la vallée ne peuvent pas admettre que l'accès du Mont Blanc ne leur appartienne pas à titre de privilège exclusif. Quiconque arrive du sommet en venant d'Italie avec des guides étrangers est reçu avec une froide politesse dans le beau village des bords de l'Arve.

Dans des conditions atmosphériques également favorables, la descente du Cervin sur Le Breuil, en Italie, celle du col du Lion sur Zermatt, du Mont Blanc sur Courmayeur, de la Jungfrau sur Grindelwald, du Mont Scerscen sur Pontresina, sont des entreprises plus difficiles que la descente du Mont Blanc sur Chamonix. Tout alpiniste expérimenté pourrait ajouter d'autres exemples à cette liste. Quiconque rentre dans l'une de ces localités, après une grande ascension heureusement effectuée, se voit accueilli avec la plus grande cordialité, mais on lui épargne toute mise en scène d'admiration, et il peut constater que la conduite des gens d'hôtel et des habitants se règle sur les goûts du voyageur.

Il faut remarquer, à propos du Mont Blanc, qu'aucune autre des grandes montagnes du monde entier ne subit une proportion aussi considérable d'ascensions d'amateurs dans le mauvais sens du mot. Ces alpinistes d'occasion ne possèdent aucun point de comparaison avec d'autres montagnes. L'excès de la fatigue, l'éblouissement produit par la neige, le vertige au bord des grandes crevasses, la roideur des pentes surtout à la descente, les impressionnent profondément. L'admiration dont ils se voient les objets dans la vallée leur paraît bien méritée, tandis que, dans d'autres régions des Alpes,

DIAGRAMME
DE LA CHAINE DU
MONT BLANC
1:150 000.
Cotes en mètres
Chemins
Col de Balme
le Clocher
Gl. du Trient
Aiguilles d'Arpettes
Col des Montets
Aig. du Midi
Pte d'Orny
Aig. du Tour
Gl. d'Orny
Argentière
Plateau
Aig. dorées
Portalet
Col du Tour
Gde Fourche
Gl. de Saleinaz
Pte de Planereuse
Aig. du Chardonnet
Aig. d'Argentière
Gl. de la Neuvaz
le Tour Noir
la Seilaz
la flégère
Gl. de Lognan
Aig. Rouges
Gl. de Laneuvaz
la Pelly
Servoz
Col de Brévent
Aig. du Dru
Aig. Verte
les Droites
les Courtes
Plan Praz
Montenvert
Mer de Glace
Mt Dolent
Gl. de Mt Dolent
CHAMONIX
Aig. du Moine
Aig. de Triolet
Mt Grépillon
Aig. du Charmoz
Aig. de Crépon
Aig. de Talèfre
Gl. du Pré de Bar
les Bouches
Aig. de Blaitière
Gl. de Triolet
Col Ferret
Aig. du Plan
Aig. L. Aig. de
Leschaux
Mt Gruetta
Papillon de Bellevue
Aig. du Tacul
Aig. du Midi
Gl. du Géant
Aig. de Rochefort
Fréboufe
Gl. de Bionnassay
Gds Mulets
Aig. du Géant
Gdes Jorasses
Aig. du Goûter
Glaciers des Jorasses
Aig. de l'Evêque
Gd Golliaz
Tête Rousse
Mblc du Tacul
Gl. de Rochefort
Ptes et Aig. de Tricot
Mt Maudit
Dôme du Goûter
VAL FERRET
Aig. du Bionnassay
ptit Mulet
MONTBLANC
Col de Miage
Aig. Blanche
Dôme de Miage
Gl. du Freney
Entrèves
la Gde Rochère
Aig. de Bérenger
Aig. Noire de Péteret
Chaine de Miage
Aig. de Trè la Tête
ptit Montblanc
de Miage italien
VAL VENI
Courmayeur
Tête de Licone
Gl. de Trè la Tête
Aig. de Combal
Aig. du Glacier
Lac de Combal
Gl. de l'Allée Blanche
Tête d'Arp
Gl. des Glaciers
Pré St Didier
La Doire Baltée
MORGEX
Mont Tondu
Col de la Seigne
Mt Bério Blanc
P. G. Drehmann, libraire Editeur, Genève.

celui qu'on encenserait ainsi flairerait la moquerie et se détournerait avec dégoût.

Durier dit très joliment : « Les guides de Chamonix sont fort complimenteurs envers qui les emploie. Votre ascension est donc toujours une ascension modèle en son genre. Y avez-vous réellement été passable ? Jamais on n'a été plus vite ; vous avez de vraies jambes de montagnard. Fûtes-vous médiocre ? Vous avez encore fait preuve d'une vigueur peu commune chez un citadin, chez un homme de votre âge. Si, enfin, vous vous êtes comporté d'une façon piteuse, vos guides vous assureront que c'est déjà bien beau d'avoir réussi et que vous avez eu les pires conditions imaginables ! »

IV

Dans mes *Ascensions d'hiver*, j'ai déjà parlé
du massif du Mont Blanc, et j'ai cherché à
en esquisser la configuration. Ce massif est
très nettement séparé des montagnes avoisi-
nantes par des vallées et des cols, en sorte
que la détermination en est parfaitement
facile.

On pourrait comparer sa forme à celle
d'un tumulus ou d'un toit à quatre pans, dont
deux longs et deux étroits. Le faîte du toit
s'étend du sud-ouest au nord-est, et les quatre chéneaux sont formés par les vallées qui
reçoivent les eaux du massif. L'un des longs
côtés se déverse dans la vallée de l'Arve,
l'autre dans le val Véni et les deux parties
du val Ferret. Des deux petits côtés, l'un
envoie ses eaux dans le val Montjoie et dans
une haute vallée appartenant au bassin de
l'Isère, l'autre donne naissance à de petits
affluents du Rhône.

Naturellement, ces vallées ne sont ni rec-

tilignes, ni à pente égale comme des chéneaux. Chacune d'elles peut même avoir plusieurs pentes en sens contraire. Le point où
deux de ces pentes se rencontrent par leur
sommet est un col, situé à la naissance de
deux vallées, et à partir duquel les eaux s'é-
coulent en deux directions opposées. Ainsi
le col de Balme forme le point de séparation
des eaux, au sommet de la vallée de l'Arve
d'un côté, de la vallée du Trient de l'autre.
Le col du Bonhomme occupe une situation
semblable entre le val Montjoie et les sources de l'Isère. De même le col de la Seigne
entre les sources de l'Isère et le val Véni,
enfin le col Ferret entre les deux vallées du
même nom.

Mais si la représentation schématique du
massif du Mont Blanc est un toit, la nature a
heureusement recouvert ce toit d'une admi-
rable variété de formes et d'aspects. Les chéneaux en sont de magnifiques vallées reten-
tissant du fracas des torrents, et sur les pen-
chants se déploie un monde alpestre d'une
beauté souveraine et d'un merveilleux relief.

Plus on parcourt le massif du Mont Blanc,
plus on constate que tout ce que l'on va

chercher dans la haute montagne s'y trouve dans la perfection. Les précipices qui dominent le val Véni, les vastes champs de neige du versant savoisien, le cours majestueusement paisible de la Mer de Glace et du glacier d'Argentière, les masses brisées du glacier de la Brenva, les aiguilles de rochers des Charmoz et du Dru, l'Aiguille du Géant, l'Aiguille Verte, les Jorasses, toutes ces merveilles sont uniques et font au monarque une couronne de purs joyaux. La coupole elle-même du Mont Blanc, lorsqu'on la contemple du haut du Grand Paradis ou des montagnes de Zermatt, se fait admirer par sa majesté et la puissance de ses assises.

J'ai encore dans les yeux l'impression que me fit le Mont Blanc, le 15 septembre 1886. En revenant d'Italie à Zermatt par le Lyskamm, nous avions atteint le sommet de Castor au lever du soleil. C'était par un matin d'automne très froid et absolument pur. Le Mont Blanc se montrait à l'ouest-sud-ouest. Un peu à gauche et assez haut brillait encore la pleine lune, flambeau de notre marche nocturne, et lentement, dans l'aube naissante, sa lumière argentée aux ombres très noires dans leurs durs contours cédait la place aux clartés du jour, animées des couleurs de la vie. Les rayons du soleil jetaient un voile de rose et d'or sur les flancs du Mont Blanc, tandis que les autres montagnes restaient encore plongées dans le gris. Soixante-dix kilomètres nous en séparaient, et malgré cet éloignement, malgré le voisinage des géants de Zermatt, Weisshorn, Dent Blanche et Cervin, le roi des monts l'emportait encore par sa puissante majesté et sa stature dominatrice.

Dans le silence absolu de l'heure matinale, à cette altitude de 4200 m., je contemplai longtemps le Mont Blanc encore vaguement éclairé de la lune et déjà caressé par le soleil ; je le vis dominant de haut les grandes montagnes qui l'entouraient, beau par la pureté de ses lignes, puissant par sa massive structure, et je compris qu'il est bien réellement un monarque, seul de son espèce, unique dans sa majesté.

Mais il ne suffit pas d'admirer. Il s'agit maintenant de décrire dans ses lignes principales la membrure de cet auguste personnage. Décrire ou dépeindre, c'est faire appel aux notions que peut posséder le lecteur et les assembler en de nouvelles combinaisons. Décrire, c'est bâtir une maison dont les matériaux sont fournis par le lecteur. Les moyens à employer sont la parole, les diagrammes (schema), les cartes, les vues, les reliefs. Dans une description orale on peut recourir à la fois à tous ces moyens. Dans un livre, on n'a parfois que les mots à sa disposition. L'auteur se trouve alors dans une situation cruelle. Il doit viser sans cesse à l'exactitude et à la clarté, et s'efforcer en même temps de ne pas engendrer l'ennui. S'il ne s'agissait que d'éviter ce dernier écueil, on s'en tirerait facilement grâce à la fameuse maxime : Tous les genres sont bons, hors le genre ennuyeux. Mais cette maxime, quelque excellente qu'elle soit, devient immorale lorsqu'elle porte atteinte à la vérité.

La nécessité est la mère de l'invention. Lorsque ma première publication parut il ne pouvait être question d'y joindre une carte. Je me rabattis sur un diagramme que l'éditeur accepta volontiers. Cette grossière reproduction a rendu de meilleurs services que je ne l'espérais. Je recours donc encore au même artifice, faute de mieux.

Le diagramme donne, en projection horizontale, la position respective de presque tous les points mentionnés dans le texte, ainsi que leur altitude et leur nom. Toutes les fois que deux points sont rattachés en fait par une muraille ou une arête, ils sont reliés dans le dessin par une ligne droite. Ces lignes se trouvent donc groupées d'une manière conforme à la nature, et enserrent entre elles un certain nombre d'espaces qui ne restent ouverts que du côté du bas et dans la direction des bords de l'image. Ces espaces représentent les bassins entourés de chainons de montagnes. Ils sont en général remplis, dans leurs étages supérieurs, par des névés, et dans leur partie inférieure par des fleuves de glace ou glaciers.

Notre diagramme est déduit de la nature par le procédé suivant : tout d'abord, de tous les points de la montagne qui y sont représentés, une perpendiculaire est abaissée jusqu'à un plan horizontal inférieur. L'ensemble des points de rencontre de ces perpendiculaires avec le plan constitue la projection horizontale en grandeur naturelle. En réduisant au $1/150.000^{me}$ la distance respective de ces points on obtient le diagramme. La distance horizontale de deux points, par exemple : le sommet du Mont Blanc et les Jorasses, est donc la ligne droite qui, dans le plan horizontal, relie le pied des perpendiculaires abaissées de ces points. Leur distance verticale, soit leur différence d'altitude est égale à la différence de longueur des deux perpendiculaires. Chacune de ces perpendiculaires a une longueur déterminée qui dépend de la hauteur de la montagne et de la position du plan horizontal. Ce plan n'est autre que la surface d'une mer idéale, prolongement de la surface de la mer réelle et se confondant avec elle. Cette surface correspond à celle d'un ellipsoïde de révolution.

On obtiendra la distance horizontale de deux points en la mesurant sur le diagramme et en multipliant par 150.000. La distance verticale est donné par la différence des chiffres d'altitude ou cotes de niveau.

Si d'un point terrestre A l'on tire une ligne horizontale jusqu'à la perpendiculaire abaissée d'un sommet de montagne B, on obtient un troisième point C, situé perpendiculairement au-dessous de B. On a ainsi un triangle rectangle ABC, dont les côtés AC et BC sont, le premier, la distance horizontale, le second, la distance verticale de B par rapport à A. Ces deux valeurs étant données par le diagramme, on peut calculer la distance réelle des deux points A et B, soit l'hypothénuse du triangle. On peut calculer de même l'angle que fait cette hypothénuse avec l'horizontale, c'est-à-dire l'inclinaison de la ligne qui unit les deux points A et B. Cet angle s'appelle la hauteur de perspective.

Le diagramme facilitera l'intelligence de la carte topographique jointe au volume. Tous deux servent de base à notre description du Mont Blanc. Espérons que cette description sera de quelque utilité ! Elle nous a coûté plus de peine que tout le reste.

Première difficulté : quand on veut décrire quelque chose il faut savoir ce qu'est cette chose. Or, qu'est-ce que le Mont Blanc ? qu'est-ce qu'une montagne en général ? Où commence-t-elle ? où finit-elle ? Si les montagnes étaient des quilles debout sur un plancher, il serait facile de leur assigner des contours précis. Mais la nature a horreur des formes géométriques simples, qui ne se rencontrent guère que dans les cristaux. Partout ailleurs sur l'écorce terrestre, cette horreur saute aux yeux et rend presque irréalisable toute tentative de description claire et exacte.

Un sommet de montagne est un point à

partir duquel le sol s'abaisse dans toutes les directions. Toutefois cette définition n'est pas suffisante. Il faut encore que ce point soit à une certaine altitude au-dessus de la mer et que les terrains avoisinants constituent une masse assez importante. Mais il est impossible de limiter la valeur quantitative de ces deux données, l'altitude et la masse. Nous devons pour cela nous en rapporter à nos sensations. Enfin le sol s'abaisse autour du sommet en un dispositif comparable aux plis multiples d'une draperie, et se fractionne en bassins et en arêtes. La ligne de faîte des arêtes peut s'infléchir en un col et se relever vers un autre sommet. Si cet autre sommet est suffisamment important, le col devient un point de la délimitation naturelle. Mais comment déterminer l'importance plus ou moins grande que doit avoir pour cela ce sommet? Et à quel côté de la délimitation faudra-t-il rattacher le bassin qui est au pied de l'arête en question? Une partie de ce bassin devra être assignée au massif de la première montagne, l'autre partie appartiendra au massif de la seconde. Mais combien artificielle devient cette division!

Par suite on est conduit à renoncer à la

description topographique d'une montagne prise isolément, et à s'attacher à l'ensemble des arêtes qui naissent toutes d'un même point culminant du massif. Pour notre dessin, ce point culminant est le sommet du Mont Blanc. Tous les sommets formés par les points de redressement des arêtes forment dès lors un ensemble naturel dont la délimitation devient plus facile.

V

Telle est la conception du Mont Blanc à laquelle nous nous arrêtons. Il ne faut pas la confondre avec celle du massif du Mont Blanc. On ne tardera pas à comprendre la valeur de cette distinction.

Recourons maintenant à une comparaison. Qu'on se représente un fer à cheval transformé en une sorte de soucoupe de faible creusure et offrant par conséquent un espace intérieur en forme de cuvette. Nous pouvons lui assigner un bord antérieur et un bord postérieur, une branche de droite et une branche de gauche. L'espace intérieur est ouvert en arrière et le sol de cet espace s'abaisse d'avant en arrière. La courbure antérieure et les deux branches latérales sont modelées en arêtes saillantes.

En certains points du bord extérieur, soit du fer à cheval lui-même, se dressent des masses rocheuses comparables aux arcs-boutants extérieurs qui s'appuyent contre

l'abside et les longs côtés d'une église go-
thique.

Plaçons sur la ceinture formée par le fer
à cheval une chaîne de protubérances semblable à la ligne de faîte d'une montagne.

Jetons maintenant sur le tout une fine
étoffe qui viendra se mouler exactement sur
la membrure solide qu'elle recouvre, nous
aurons ainsi une représentation des formes
superficielles du Mont Blanc.

On conçoit que le vrai relief sera quelque
peu différent de sa représentation. La chaîne
du Mont Blanc n'a pas une forme aussi régulière que celle d'un fer à cheval. Dans le voisinage de la courbure, l'angle s'accentue et les
branches latérales se rapprochent fortement.
A leur extrémité, par contre, elles s'écartent
beaucoup trop pour la ressemblance. La comparaison peut valoir quelque chose comme
moyen descriptif, mais un cheval qui aurait
un fer de cette forme ne vaudrait rien; il en
deviendrait encore plus boiteux que la plus
mauvaise des comparaisons.

Le fer à cheval est orienté de telle façon
que sa courbure antérieure regarde le sud,
tandis que la creusure intérieure s'ouvre du
côté du nord. En se plaçant dans les environs

de Chamonix, on a donc la branche droite à l'ouest et la branche gauche à l'est. Que le lecteur prenne maintenant le diagramme en main pour y lire dans leur ordre les noms que nous allons énumérer.

Au sommet de la courbure antérieure du fer à cheval — ce dernier étant marqué sur le diagramme par une ligne pointillée — se dresse le sommet du Mont Blanc, 4810 m., point culminant d'un grand mamelon uniformément recouvert de neige. Il se trouve, en chiffres ronds, par 45° 50' de latitude nord et 6° 52' de longitude est de Greenwich. Son parallèle passe, à l'ouest, par le milieu de la France, et à l'est, par l'extrémité inférieure des lacs Majeur et de Côme. Son méridien coupe au nord la partie amont du lac de Genève et les bassins intérieurs des Fjords Hardanger et Sogne, en Norvège.

Si l'on suit, à partir du sommet, la branche droite soit occidentale du fer à cheval, on rencontre successivement sur cette ligne trois sommets : les Bosses du Dromadaire, le Dôme du Goûter et l'Aiguille du Goûter. A partir de ce dernier point, l'arête s'abaisse rapidement dans la direction du confluent de l'Arve (vallée de Chamonix) et du Bon-Nant (val Montjoie).

Sur la branche de gauche ou orientale s'élèvent les points suivants : d'abord le Mont Maudit, puis le Mont Blanc de Tacul, et les Aiguilles du Midi, du Plan, de Blaitière, des Charmoz. L'arête va mourir ensuite dans la vallée de l'Arve.

Il nous reste à décrire les contreforts extérieurs et secondement le modelé du bassin central.

Le contrefort principal, le plus grandiose de toutes les Alpes, part du sommet sous la forme d'une arête d'abord tranchante quoique peu inclinée. A l'extrémité de cette arête se trouve le second sommet de notre montagne, le Mont Blanc de Courmayeur, atteignant l'altitude de 4756 m., et qui par conséquent ne le cède au vrai sommet que de 54 m.

A partir de ce point la montagne s'abaisse en une structure rayonnée. Le rayon occidental est le Mont Brouillard qui, sur une longueur d'un peu plus de 5 km., s'abaisse de 2700 m. Le rayon oriental est le contrefort de Péteret auquel on peut assigner les mêmes mesures, mais dont l'arête déchiquetée est d'un effet plus sauvage et plus pittoresque encore que le Mont Brouillard.

Un autre rayon plus occidental et qui se rattache à la branche droite du fer à cheval prend naissance près du mamelon neigeux appelé les Bosses du Dromadaire ; ce sont les Rochers du Mont Blanc.

Du Dôme du Goûter, qu'un col à faible dépression relie aux Bosses, se détache non pas un simple contrefort, mais une vraie chaîne qui a ses ramifications propres. Elle se termine au col de la Seigne et je la nomme *Chaîne du Miage,* parce que ses deux versants, le piémontais et le savoisien, donnent naissance à deux glaciers de même nom, dominés par le col de Miage. Au col de la Seigne commence le val Véni dans lequel aboutissent les deux contreforts susmentionnés, ceux du Brouillard et de Péteret. Le diagramme montre cette chaîne du Miage, ainsi que ses deux embranchements partant de l'Aiguille de Bionassay et de l'Aiguille du Glacier.

Si nous revenons au Mont Blanc, nous voyons que la branche de gauche ou orientale du fer à cheval possède également plusieurs contreforts, mais de moindre importance. En revanche, à partir du Mont Maudit

Le Contrefort de Péleret, du Mont Blanc de Courmayeur à l'Aiguille Noire de Péleret.

Vue prise du sud-ouest à 3400 m. (Côté du Miage)

qui lui appartient, cette branche donne naissance à une chaîne en forme de muraille
qui relie le Mont Blanc aux parties des
Alpes situées au nord-est. La première cime
de cet embranchement est la Tour Ronde.
On voit par le diagramme que le col du
Géant, l'Aiguille du Géant et les Jorasses appartiennent à ce rameau qui se
divise lui-même, à l'Aiguille de Triolet,
en plusieurs ramifications secondaires. Ces
dernières se trouvent exactement à l'est
de la branche orientale du fer à cheval
et en sont séparées par le grand bassin
de névés du Géant.

L'espace intérieur du fer à cheval est lui-
même profondément modelé. Sa partie supérieure peut être considérée comme formant
un seul tout, bien qu'elle se divise en deux
vallées dans le sens de la longueur. En second lieu, si l'on trace une ligne allant de
l'Aiguille du Goûter à l'Aiguille du Midi, on
trouve, au-dessous de cette ligne, une région
centrale du bassin, circonscrite à droite et à
gauche par deux contreforts en dos d'âne
qui descendent de ces deux pointes.

Les petites vallées latérales qui se trouvent en dehors de cette région centrale dé-

terminent un élargissement du fer à cheval
dans sa partie inférieure, que nous avons
mentionné plus haut ; les glaciers de ces petites vallées sont de faibles dimensions. Par
contre, la partie supérieure du bassin ainsi
que la région centrale sont remplies par des
névés et des glaciers d'une grande étendue et d'une forte épaisseur. Ce sont ces
glaciers surtout qui excitent l'admiration du
touriste, lorsque de Plan-Praz, par exemple,
il contemple le Mont Blanc. On les désigne
sous les noms de glacier des Bossons et glacier de Taconnaz. Leurs névés supérieurs se
touchent et ne sont séparés que par l'arête
de rochers des Grands Mulets.

Pour l'intelligence des ascensions, nous
dirons ici quelques mots des glaciers suspendus aux parois extérieures du fer à cheval. Ils
sont enfermés entre les divers contreforts
et ramifications dont nous avons parlé. Les
plus rapides se trouvent à la courbure du fer
à cheval entre le Mont Brouillard et le contrefort de l'arête de Péteret. Une arête secondaire qui s'élève entre ces deux contreforts
détermine l'existence de deux glaciers ju-
meaux, celui du Brouillard et le glacier du
Fresnay. Tous deux ont une chute très forte

et sont dominés par le Mont Blanc de Courmayeur.

En dehors de la courbure, à gauche, se
trouve le glacier de la Brenva. A droite,
c'est-à-dire du côté du Dôme du Goûter se
déploie un système de trois glaciers con-
nexes ; ce sont, en allant d'avant en arrière,
le glacier du Mont Blanc, celui du Dôme et
le glacier supérieur italien de Miage. Le
demi-cercle de murailles qui les enserre tous
est formé en partie par cette chaîne de Miage
qui s'étend du Dôme du Goûter au col de la
Seigne.

Tous les courants de glace qui partent extérieurement de la courbure viennent mourir sur le bord inférieur du fer à cheval
c'est-à-dire sur le grand glacier de Miage et
la portion du val Véni qu'arrose la Doire
Baltée.

Les glaciers appartenant proprement aux
branches latérales du fer à cheval (par opposition à ceux qui revêtent la courbure) sont
d'importance très inégale. Ceux de la branche
droite : à savoir les glaciers savoisiens de
Miage et celui de Bionassay sont comparativement peu développés. Particulièrement
grandioses sont, au contraire, ceux de la

branche gauche, soit orientale. Celle-ci est occupée, du Mont Maudit à l'Aiguille du Midi, par de vastes accumulations de névés, qui s'unissent à ceux des chaînons opposés pour former le superbe fleuve connu sous les noms successifs de glacier du Géant et de Mer de Glace.

VI

On est parfois étonné de la diversité des chemins par lesquels on atteint le sommet du Mont Blanc. Quelques-uns de ces chemins ont été pratiqués des centaines de fois, d'autres une seule fois, tout au moins dans certaines sections de leur parcours. Si l'on trace sur une carte l'ensemble des chemins qui ont été suivis à la montée et à la descente, on obtient un réseau dont les nœuds peuvent se relier entre eux par les combinaisons de trajets les plus variées. Le nombre des combinaisons possibles dépasse celui des trajets réellement effectués.

Cinq ou six ascensions suffisent néanmoins pour apprendre à connaître tous les chemins, à condition que chaque fois la montée et la descente s'effectuent par des routes différentes.

Toutes les ascensions aboutissent soit au bord supérieur du fer à cheval, soit à l'arête du Mont Blanc de Courmayeur, d'où l'on gagne le sommet. Elles partent toutes soit de Chamonix, soit de Saint-Gervais, soit de Courmayeur. Mais les difficultés varient beaucoup suivant que l'on attaque la montagne par le bassin intérieur ou par les parois extérieures du fer à cheval. Dans le second cas les difficultés sont beaucoup plus grandes ainsi que les dangers résultant des chutes de glace ou de pierres. Par le mauvais temps la différence n'est pas grande ; on est aussi peu abrité d'un côté que de l'autre.

Les principaux points de croisement des chemins sont :

1. Le Grand Plateau.
2. Le Dôme du Goûter.
3. Un point au-dessus des Bosses du Dromadaire.
4. Le col de la Brenva.
5. Les Rochers Rouges.
6. Le Mont Blanc de Courmayeur.
7. Le confluent des différents tributaires du glacier de Miage.

Il n'y a pas de route du Mont Blanc qui ne passe par l'un au moins de ces points. Le rôle de chacun d'eux ressortira du récit de mes ascensions dans lesquelles j'ai pratiqué sept routes différentes.

La diversité des ascensions résulte des combinaisons variées de certains éléments toujours les mêmes. Si l'on réussit à caractériser la variété de ces combinaisons telles qu'elles se présentent sur les versants principaux de la même montagne, on se trouve avoir dépeint la surface entière de cette montagne. Ces éléments toujours identiques se résument en effet dans les particularités de configuration du terrain qui sont propres à la montagne et d'autre part dans les différentes conditions que peut présenter le revêtement superficiel.

Les types spéciaux de configuration du terrain sont : le plan incliné, la vallée, le relief en forme de chaîne. Le premier peut se présenter sous la forme de champ de neige ou de glace, d'éboulis, de paroi de rocher. La vallée peut être un bassin de névé, une cheminée de roc, un couloir couvert de verglas, un lit de glacier. La chaîne enfin peut affecter la forme d'arête tranchante, de dos-d'âne, de contrefort, plus rarement de replats superposés en étages.

Quant à la nature du revêtement superficiel, il faut distinguer la neige dure ou molle, les surfaces de névé déchirées tantôt par des gouffres béants, tantôt par des crevasses recouvertes avec leurs ponts de neige qui se brisent parfois sous les pas. Il faut énumérer des saillies de rocher qui cèdent sous le pied ou la main, et des portions entières du revêtement, glace, neige ou pierres, qui se détachent d'elles-mêmes sous l'influence de la chaleur solaire ou de certaines conditions atmosphériques.

Tels sont les éléments dont il faut tenir compte et qui, pour chaque montagne, suivant sa structure, son climat et le degré d'insolation de ses flancs, interviennent en des groupements divers. Décrire brièvement et sans minutie ces divers groupes d'éléments, montrer les modifications qu'ils subissent suivant l'altitude, ainsi que leur apparition successive à la montée ou à la descente, telle est la tâche du narrateur.

Quand on décrit des choses vues, il n'est pas toujours facile d'écarter l'élément personnel. Certaines choses prennent plus ou moins d'intérêt et d'importance suivant nos goûts individuels. Telle ou telle partie de la route, glace, neige ou rocher, a plus d'attrait pour certain touriste que pour un autre.

Chez un même individu, les dispositions

du moment exercent aussi leur influence, indépendamment des conditions de la route.
La sensation du bien-être est sujette à s'accentuer ou à décroître. Elle peut même se
transformer en malaise. L'impression du
danger produit tantôt la peur, tantôt une
certaine jouissance. Les difficultés du terrain
sont attrayantes pour les uns, désagréables
et fatigantes pour d'autres. Tel point de vue
éveille le sens esthétique en lui apportant les
sensations du beau, du grandiose, du terrible.

Ces diverses impressions peuvent être ressenties par un seul individu, ou s'imposer à
un grand nombre, et il faut la maturité de
l'âge pour dépouiller une description de tout
caractère personnel et lui donner une valeur
objective. Mais en même temps il faut voir
avec le cœur; il faut que l'âme vibre et
donne à la nature le relief et les couleurs de
la vie. Décrire objectivement, c'est faire œuvre de photographe. Qui ne préférerait être
peintre? Le peintre n'obéit-il pas aussi aux
lois de la perspective? Ne vise-t-il pas à
l'exactitude? Il reproduit ce qu'il voit avec
une scrupuleuse conscience. Mais il voit autrement que la lentille du photographe. Pour

celle-ci tout a la même valeur, aussi bien ce qui est caractéristique que ce qui ne l'est pas. L'artiste distingue. Son œil voit tout, mais son âme s'attache au caractère et saisit, à travers la surface, l'intime et profonde diversité des spectacles de la nature.

Le peintre de paysage et le poète descriptif se trouvent, en présence de la grande nature, dans la même situation que le biographe devant un grand homme qu'il veut faire revivre. Le biographe doit mettre en pleine lumière le caractère intime, le génie propre de son héros, ce qui le distingue de la foule, la puissance spéciale de certaines énergies spirituelles et leur déploiement à travers les circonstances de la vie. En ce sens, la description de la nature est aussi une sorte de biographie.

Ces deux domaines, la nature et l'homme, quelque différents, qu'ils soient, doivent donc être abordés de la même manière. Ainsi s'affirme l'identité fondamentale de tout travail intellectuel. Élucider, tel est le but; et la tâche demeure la même quelle que soit la matière, qu'il s'agisse de soi-même, de l'âme des autres, des êtres vivants ou de la nature inanimée.

VII

A l'exception des routes qui passent par la
Brenva, le glacier du Brouillard et celui de
Péteret, aucun des chemins pratiqués jusqu'ici pour atteindre le sommet ne présente,
par un temps favorable, des difficultés exceptionnelles. Mais quelque propices ou défa-
vorables que soient les conditions d'une
ascension, il est un point sur lequel rien
n'influe : l'altitude du Mont Blanc. En tout
état de cause, le touriste doit hisser le poids de
son propre corps du niveau de 1050 ou 1200 m.
à celui de 4810 m. et le redescendre.

Ce travail exige une prestation de force
musculaire toujours importante, quoique
plus ou moins facile suivant les individus.
Il en est de cela comme d'une forte dépense
d'argent, qui affecte peu le riche, mais écrase
le pauvre. Cependant quelque vaillant que
l'on soit, on ne redescend pas du Mont
Blanc sans se ressentir de l'effort. Seulement si la fatigue est une sensation plutôt

agréable aux uns, elle est désagréable aux autres.

En disant que la plupart des routes du Mont Blanc ne présentent pas de difficultés exceptionnelles, nous avions en vue les alpinistes exercés. Rien n'a plus contribué à répandre de fausses notions sur cette ascension que les récits de voyageurs sérieux peut-être, mais inexpérimentés. Supposons quelqu'un qui n'ait jamais monté à cheval, ni vu quelqu'un d'autre monter et qui se trouve tout à coup obligé d'enfourcher un cheval plein de feu. Le manque d'assiette sur la selle et de fermeté dans la main mettra bientôt ce cavalier novice dans une fâcheuse posture. S'il vient à narrer sa chevauchée, il ne manquera pas de parler de la sauvagerie de sa monture, de la difficulté qu'il a eue à la dompter, des grands dangers qu'il a courus. Pour qui ne connaît pas l'équitation, cette description paraîtra saisissante. A un cavalier expérimenté elle n'apprendra rien du tout sur le caractère particulier du cheval. Et ce cavalier, une fois en selle, pourra fort bien s'apercevoir et montrer à autrui combien facilement se laisse monter le noble animal et quel plaisir on trouve à son allure.

On conçoit facilement qu'une montagne recouverte d'aussi vastes étendues de neige que le Mont Blanc n'est pas sans présenter certains dangers. A la base comme au sommet des grandes pentes se trouvent de vastes crevasses. Dans les névés, la surface est souvent transformée en glace. Celle-ci se fend et se disloque en forme de dalles, de blocs ou de masses plus ou moins variées. La neige fraîche, due aux orages d'été, détermine parfois des avalanches sur certaines pentes.

Au Mont Blanc, des hommes ont péri soit par suite d'avalanches, soit en tombant dans des crevasses, soit par des chutes de glace ou par la rupture de ponts de neige. Mais le nombre des accidents est comparativement faible. La première catastrophe bien connue atteignit l'expédition d'un savant russe, le Dr Hamel. Sur onze personnes, trois furent tuées. C'était le 20 août 1820. Une avalanche les précipita dans une immense crevasse au-dessus du Grand Plateau à l'endroit appelé l'Ancien Passage. Leurs restes apparurent quarante et un ans plus tard à l'extrémité inférieure du glacier des Bossons. Enserrés dans le courant de glace, ils avaient été transportés en un lieu situé à huit kilomètres de distance et à 3000 mètres au-dessous du point où ils avaient disparu. Des objets d'équipement, des instruments, une boussole du Dr Hamel furent retrouvés. Ils étaient si bien conservés qu'on voyait encore les traits des degrés et le nom du fabricant. (Ch. Durier, le *Mont Blanc*, p. 362 et ss.).

A l'Ancien Passage également, le 13 octobre 1866, une avalanche s'abattit sur deux caravanes séparées et emporta les quatre personnes qui composaient la moins avancée. L'alpiniste, M. Arkwright et deux des guides de Chamonix furent précipités dans un gouffre du glacier. Le troisième fut trouvé assommé sur le bord de la crevasse. Les guides en furent retirés sans vie. On ne retrouva pas l'alpiniste anglais. Son cadavre poursuit maintenant un mystérieux voyage dans l'épaisseur du glacier. Il apparaîtra peut-être dans la première décade du siècle prochain à l'extrémité inférieure des Bossons[1].

[1] En faisant une excursion sur le glacier des Bossons, dans le courant d'octobre 1897, M. Edouard Whymper, l'ascensioniste bien connu, a trouvé la partie supérieure des pantalons du capitaine Arkwright. Dans une des poches se trouvaient deux mouchoirs marqués au nom du capitaine, ainsi qu'une écharpe de laine

Plus récemment, le 21 août 1891, une catastrophe analogue s'est produite en un autre endroit, au Petit Plateau, sur les pentes du Dôme du Goûter. La caravane se composait de onze personnes dont cinq furent entraînées par une avalanche au fond d'une grande crevasse. Deux d'entre elles périrent, un alpiniste allemand et un guide de Chamonix.

Dans tous ces accidents il y a eu des survivants dont on a pu recueillir le témoignage. Une catastrophe plus terrible encore n'a laissé que des cadavres et quelques notes au crayon tracées par l'une des victimes. C'était en 1870, pendant le fracas de la guerre franco-allemande. Aussi l'événement a-t-il fait peu de bruit. Sans cela il eût éveillé la plus profonde sympathie. Cette catastrophe se produisit au-dessous du sommet, non loin des Rochers Rouges, à environ 4500 m. d'altitude et coûta la vie à onze hommes qui périrent de froid et de faim. On retrouva cinq

qu'il avait probablement achetée à Chamonix avant son départ. Ces objets étaient si bien conservés qu'ils avaient l'apparence d'être neufs. Par contre l'étoffe des pantalons était en très mauvais état. Voir *Echo des Alpes*, 1897, p. 420 (*Trad.*)

cadavres presque sans blessures, mais on ne put découvrir aucune trace des six autres.

Cette caravane était probablement arrivée au sommet le 6 septembre et a succombé le 8. Elle se composait de deux Américains, un Ecossais, trois guides et quatre porteurs de Chamonix et d'un guide bernois. A partir du 6 septembre le temps fut si mauvais que toute tentative de secours dut être abandonnée. Le neuvième jour seulement le ciel s'éclaircit assez pour permettre à une caravane de vingt-trois guides d'aller chercher les corps pour les ensevelir. Elle parvint sur le théâtre de l'accident le 17 septembre.

Aucune autre expédition, soit au Mont Blanc soit même dans toutes les Alpes, n'a fait autant de victimes. Un grand nombre d'accidents, entre autres à la Dent Blanche, au Lyskamm, à la Jungfrau, ont causé la mort de plusieurs personnes. Mais le nombre de onze n'a été atteint qu'une fois.

Un autre accident était déjà arrivé en 1870, cinq semaines avant la catastrophe des onze. Un Anglais, M. Marke, avait voulu faire l'ascension du Mont Blanc avec sa femme et sa belle-sœur, Miss Wilkinson. Accompagnée de deux guides valaisans et d'un porteur de

Chamonix, la caravane avait atteint le Corridor, passage qui part du Grand Plateau pour se diriger à gauche vers le faîte oriental du fer à cheval. La partie supérieure de ce passage est une paroi très raide de névé ou de glace nommée le Mur de la Côte.

Au pied de cette paroi les membres de la caravane se séparèrent et les dames, à bout de force, s'arrêtèrent en compagnie du porteur. Elles voulurent redescendre un peu pour s'abriter du vent. Mme Marke était accompagnée du porteur. Un pont de neige se rompit sous eux. Ils furent précipités dans une grande crevasse. La corde qui était de mauvaise qualité se cassa et Miss Wilkinson demeura seule, à une altitude de 4300 m. Les trois hommes qui n'avaient pas encore atteint le sommet du Mur de la Côte redescendirent en toute hâte, mais ils ne purent pas même retirer les cadavres.

Quatre ans plus tard, dans la nuit du 31 août au 1er septembre 1874, trois alpinistes hors ligne, l'Anglais A.-G. Marshall et les guides bernois Joh. Fischer et Ulrich Almer fils, subirent le même sort sur le versant italien du Mont Blanc. Ils avaient tenté en vain d'atteindre le sommet par le glacier du

Brouillard et battaient en retraite lorsqu'ils furent précipités tous trois à la fois dans une crevasse par la rupture d'un pont de neige. Les deux premiers périrent. Almer seul put en réchapper et porta la nouvelle à Courmayeur. Le guide E. Rey se fit descendre dans la crevasse et retira les cadavres.

En 1877, une chute de glace causa la mort d'un porteur de Courmayeur au pied du glacier du Mont Blanc.

En 1866, trois Ecossais, les frères Young, redescendaient du sommet, sans guide, et se trouvaient dans les environs de l'Ancien Passage. Ayant pris une fausse direction, ils furent obligés de revenir sur leurs pas et la chute de l'un d'eux entraîna les autres. Ils ne tombèrent pas de très haut, néanmoins le plus jeune perdit la vie. Les deux autres finirent par retrouver leur chemin, grâce surtout à la vaillance de l'aîné.

Le 19 juillet 1882, le biologiste anglais, Francis-M. Balfour, âgé de trente ans et déjà célèbre, fit à l'Aiguille Blanche de Péteret, une chute mortelle en compagnie du brave guide Petrus, de Saint-Nicolas. Cette cime redoutable était encore vierge. Elle n'a été gravie que deux fois depuis lors et par deux chemins entièrement différents. La première fois par Sir H.-S. King (1885) en passant par le glacier du Brouillard et le Plateau du Fresnay, puis en 1893, par l'auteur de ces lignes, du côté de la Brenva.

Nous avons déjà mentionné le comte Villeneuve qui disparut sans laisser de traces en 1890, avec deux guides, au cours d'une expédition partie de Courmayeur pour le Mont Blanc.

Un médecin de Chamonix, le Dr Jacottet, est mort au refuge Vallot (4400 m.), dans la nuit du 2 au 3 septembre 1891, après avoir atteint le sommet deux jours auparavant[1].

A la fin du mois d'août 1892, à peine une semaine après mon ascension, un orage causa la mort du professeur anglais Nettleship, après un jour et une nuit passés à errer dans les hautes régions du Dôme du Goûter, le brouillard empêchant les guides de trouver le chemin du refuge Vallot.

De tous les genres d'accidents qu'entraînent les grandes ascensions, il n'en manque qu'un seul à cette lugubre liste. On ne citait jus-

---

[1] Le Dr Jacottet était Neuchâtelois. Cette liste d'accidents n'est malheureusement pas complète.

qu'ici aucune catastrophe par chute de pierres. Cela s'explique en partie par le fait que les routes les plus fréquentées vont surtout à travers les neiges et les glaces. Seules, les ascensions par les Rochers du Mont Blanc, le glacier du Brouillard et l'Aiguille Blanche de Péteret s'effectuent dans leur partie supérieure pendant plusieurs heures au milieu des rochers. Mais tout récemment un alpiniste distingué, M. Poggi, de Milan, fut tué par une pierre, et c'est avec une tristesse toute particulière que je mentionne cet accident. Il eût lieu à la descente de l'Aiguille Noire de Péteret. Dix jours auparavant j'avais fait le même chemin en sens inverse. La première personne qui me salua au retour fut précisément le malheureux que l'on devait rapporter peu après à l'état de cadavre et que je ne pus saluer à mon tour qu'en déposant des fleurs sur son cercueil.

Les catastrophes dont le Mont Blanc a été le théâtre doivent être attribuées en grande majorité aux causes suivantes : aptitudes insuffisantes de l'un des participants (défaillances et défaut de sûreté dans la marche); imprévoyance (abandon de la corde dans les régions crevassées, pentes gravies en dépit de neige fraîche); découragement (arrêt au sommet du col de la Brenva).

C'est chose facile, il est vrai, de critiquer les malheureuses victimes. La mort leur a fermé la bouche. Aussi n'est-ce pas par présomption que je le fais, mais pour relever le rôle capital de la prudence dans les ascensions. Du reste si l'on voulait me mettre au nombre de ceux qui recommandent de faire ce qu'ils disent plutôt que ce qu'ils font, je n'aurais, j'en conviens, qu'à baisser les yeux. Tout au fond du cœur on compte toujours plus ou moins sur la chance, lorsqu'on déserte quelque peu les voies de la prudence. Chacun se croit privilégié de la nature et du sort. Le plaisir de voir, le désir de pénétrer toujours plus avant dans les mystères de la création, la jouissance que procure le déploiement des suprêmes énergies du corps et de l'âme, tout cela suggère à l'audacieux le beau rêve de triompher en dépit même de tout espoir.

DE CHAMONIX AU MONT BLANC
PAR LES GRANDS MULETS

I

Semblable à certains hommes qui ne goûtent aux joies de la vie que dans leur âge mûr, je n'ai connu les jouissances d'une ascension du Mont Blanc qu'à un âge où la plupart des alpinistes ont déjà remisé leur piolet. Du reste certains vieux alpinistes ont une préférence pour cette montagne. Il semble que dans la jeunesse on n'en sache pas priser la grandeur. De Saussure lui-même avait quarante-sept ans lorsqu'il atteignit ce sommet, ambition de toute sa vie.

Mon ascension eut lieu cent ans après celle de Balmat ; mais à partir du Grand Plateau je ne suivis pas l'Ancien Passage par lequel il était monté.

Je venais de Zermatt, avec le guide Peter

Knubel et son fils. Longeant le flanc oriental du Cervin sur le glacier de Théodule, nous étions descendus dans le val Tournanche, puis à Châtillon dans la vallée d'Aoste. De là, remontant dans cette vallée le cours de la Doire Baltée jusqu'à Courmayeur, nous nous étions engagés dans le val Véni. Traversant ensuite le col de la Seigne et les sources de l'Isère nous étions arrivés par le col des Fours dans le val Montjoie qui, après un parcours de quatre à cinq lieues, rejoint à Saint-Gervais la vallée de l'Arve. L'arête qui sépare ces deux vallées est un prolongement de l'Aiguille du Goûter. Nous la traversâmes au col de Voza et, charmés de ce voyage, nous arrivâmes à Chamonix pour entreprendre l'ascension du Mont Blanc.

Le sommet est éloigné de Chamonix d'environ onze kilomètres en distance horizontale et se montre au-dessus de l'horizon sous un angle de plus de vingt degrés. L'ascension a été faite dans des espaces de temps très divers. On sait que durant de longues marches dans la montagne on s'élève en moyenne de 300 m. par heure. Sur des sentiers rapides et sans neige on dépasse sensi-

blement ce chiffre. En revanche, on s'élève
plus lentement dans la haute montagne où il
n'y a plus de sentier. D'après cela, comme
le Mont Blanc est à 3760 m. au-dessus de
Chamonix, l'ascension prendrait de douze à
treize heures de marche. Grâce aux conditions très favorables du sol et de la neige,
nous mîmes moins de temps, à savoir cinq
heures de Chamonix aux Grands Mulets, et
quatre heures et demie de là au sommet.

Les rochers des Grands Mulets sont visibles de Chamonix, semblables à un écueil
au milieu d'un océan de glace. Cette surface
blanche a une inclinaison de 25 degrés
et apparaît, sur la carte, sous la forme
d'une gorge profondément encaissée, au bout
de laquelle se dresse le Mont Blanc. Les
parois latérales de la gorge partent du sommet pour se diriger d'un côté vers le Dôme
et l'Aiguille du Goûter, de l'autre vers le
Mont Maudit et l'Aiguille du Midi. Cette
gorge ainsi que les parois qui l'enserrent
ont été le théâtre de toutes les ascensions
entreprises en partant de Chamonix, le théâtre
par conséquent de l'heur et du malheur, des
témérités, des illusions et des catastrophes
qui marquèrent ces ascensions.

Une ligne allant de l'Aiguille du Goûter à
l'Aiguille du Midi traverserait cette gorge
dans sa plus grande largeur, qui est d'environ six kilomètres. A égale distance de ces
deux sommets se dressent les rochers des
Grands Mulets. Du haut de ces rochers, en
regardant vers le bas, on voit apparaître, par
delà les glaces, le sommet d'une arête qui
tombe dans la vallée de l'Arve. C'est la montagne de la Côte, fréquemment mentionnée
dans l'histoire des premières tentatives. Cette
arête fait le partage des glaces. A sa droite,
c'est le glacier des Bossons, à sa gauche,
celui de Taconnaz. L'étendue de glacier
qui se trouve entre la montagne de la Côte
et les Grands Mulets est extrêmement crevassée et se nomme la Jonction. Les Grands
Mulets semblent être l'éperon inférieur d'une
arête de rocher qui se prolonge en droite
ligne vers le haut dans la direction des Bosses du Dromadaire et émerge par place de
la glace. Cette arête aurait son point de départ au Grand Plateau, étage presque horizontal du grand bassin glaciaire.

Le torrent qui sort du glacier des Bossons
se jette dans l'Arve à environ trois kilomètres en aval de Chamonix. Pour atteindre les

Grands Mulets on monte dans l'angle formé par l'Arve et le glacier des Bossons, et l'on s'élève à 2450 m. avant d'aborder ce glacier. De là, le sommet se présente sous un angle de 24 degrés et se trouve à une distance horizontale de six kilomètres.

Les ascensions s'organisent généralement de la manière suivante : le premier jour on va jusqu'aux Grands Mulets, s'élevant ainsi de deux mille mètres, et l'on passe la nuit dans le chalet-auberge qui se trouve en cet endroit. Le second jour on atteint le sommet et l'on redescend à Chamonix. Ainsi fîmes-nous. Lorsque la neige est bonne, la course n'exige pas une dépense exceptionnelle de force.

Le Mont Blanc étant exactement situé au sud de Chamonix, on suit, pour l'atteindre, une direction qui se confond avec le méridien. Cependant jusqu'à la Jonction le chemin s'écarte quelque peu de cette ligne, d'abord à l'ouest, c'est-à-dire vers la droite, puis à l'est, enfin tout à fait à l'ouest.

Comme dans toutes les grandes ascensions, on voit la végétation et la nature du sol se modifier profondément à mesure que l'on s'élève. Au Mont Blanc, les différences sont particulièrement frappantes parce que le point de départ est très bas (1050 m.) et le le point d'arrivée exceptionnellement élévé (4810 m.). En quittant les jardins qui entourent Chamonix on atteint, à travers des prairies et des champs, la bande vert foncé des forêts qui recouvrent les premières pentes. De temps en temps se montre, à droite dans la profondeur, à travers les rameaux des mélèzes et des aroles, l'extrémité inférieure des Bossons, torrent glacé entre des rives verdoyantes. Le fracas des chutes de glace ponctue parfois le grondement monotone du torrent.

La vallée se creuse et s'éloigne, l'air devient plus vif, la vue plus étendue. A deux mille mètres on atteint la lisière de la forêt, au-dessus de laquelle on ne rencontre plus que quelques bouquets d'arbres. L'épais tapis des herbes drues et la forêt naine que forment les buissons de rhododendron sont déchirés d'ici et là par la mitraille des éboulis. La végétation se fait rare ; des amas de pierres lui disputent la place. Enfin les abords du glacier sont défendus par la sauvage moraine, rempart colossal qui entoure le royaume des glaces éternelles et le sépare des gracieux domaines de la verdure. Franchir la moraine, c'est entrer pour tout de bon dans la haute montagne et celle-ci se montre aussitôt sous son aspect le plus caractéristique, c'est-à-dire déchirée, changeante et invitant à la prudence.

Nous suivons au début une petite vallée de glace qui se dirige en droite ligne vers le Dôme du Goûter. Tout près de nous, à gauche, se dresse l'Aiguille du Midi dont le sommet nous domine d'environ quatorze cents mètres. Les pentes redoutables de cette montagne envoient souvent jusque sur la Jonction une mitraille de pierres et de blocs de glace.

Dès que la neige se présente, nous nous encordons. Après une heure de marche à travers un chaos de glace, nous atteignons la base des Grands Mulets que nous laissons à main gauche. Au beau milieu du labyrinthe, nous avions rencontré deux hommes transportant chacun une lourde charge de bois à l'auberge des Grands Mulets. Ils avaient renoncé à la précaution de la corde, ce qui est beaucoup plus commode pour la marche. Sans doute ils connaissaient le chemin pour l'avoir parcouru mainte fois et

pouvaient choisir les plus solides d'entre les
ponts de neige. Je crois cependant qu'ils
avaient sacrifié la prudence à la commodité,
comme cela arrive souvent dans la vie.

II

Notre marche s'effectue par les heures les plus chaudes de la journée et sous un ciel sans nuages. La réverbération de la neige nous frappe dans sa plus grande intensité et les regards ne trouvent à se reposer que sur les rochers bruns des Grands Mulets. Nous attaquons enfin ces rochers par leur face occidentale qui regarde l'Aiguille du Goûter et, à deux heures après midi, nous atteignons l'auberge où nous allons prendre une demi-journée de repos.

Cette construction appartient à la commune de Chamonix qui la loue à un tenancier. Tout y est tarifé. Un règlement spécial détermine ce que le voyageur aura à payer s'il apporte des provisions de Chamonix ou s'il les demande à l'auberge. Dans le premier cas, par exemple, c'est vingt-cinq francs pour un lit ; dans le second cas, douze francs seulement. Somme toute, et l'un dans l'autre, cela revient à peu près au même.

Une vieille cuisinière dirige l'exploitation depuis nombre d'années. Elle passe tout l'été à cette altitude de 3050 m. Par le beau temps, le gîte est bondé de touristes, de guides et de porteurs. Par le mauvais temps, elle passe souvent plusieurs jours sans voir personne. A travers de rudes alternatives de chaleur et de froidure, elle reste à ses fourneaux, répond du mieux qu'elle peut aux exigences plus ou moins déplacées de voyageurs de toute nation, prépare les provisions qu'emportent les ascensionnistes et se lève à minuit pour qu'ils puissent partir à l'heure voulue. Lorsque j'arrivai devant la porte, elle s'efforçait de transporter un lourd baquet rempli de neige fondue, et je m'empressai de lui venir en aide. Ce secours imprévu lui fit plaisir et amena un sourire sur ses traits durcis par les intempéries. Peut-être fut-elle étonnée de rencontrer quelque humanité chez un voyageur. Elle doit sans doute faire en général de tristes expériences. De là ces mots inscrits en grosses lettres sur la porte de sa cuisine : « N'oubliez pas la cuisinière ! »

On trouve le gîte agréable ou désagréable suivant les circonstances. Cela dépend surtout du temps, d'où dépendent à leur tour les chances de l'ascension. Le nombre des voyageurs y est aussi pour quelque chose. Si la maison est pleine, s'il faut partager avec des étrangers l'étroite chambre à plusieurs lits, tandis qu'il neige ou qu'il grêle au dehors, le séjour manque de charme. Dans le cas contraire, il ne vous laisse que des souvenirs grandioses et sans mélange. Tel fut mon partage, et si même l'ascension du lendemain eût été infructueuse, je me fusse trouvé suffisamment payé de ma peine par ce court séjour aux Grands Mulets.

Il y a une jouissance toujours nouvelle à se trouver, après une rude grimpée, au milieu de vastes étendues de glace et à les contempler paisiblement du haut d'un solide avant-poste de rochers. Voici, tout là-bas, Chamonix sous ses toits grisâtres. Quand la nuit viendra, ses fenêtres éclairées scintilleront comme des étoiles. La vallée de l'Arve se montre dès son point d'origine, le col de Balme. Le sommet du Mont Blanc est caché, mais son arête principale qui va des Bosses du Dromadaire au Dôme du Goûter se profile sur le ciel avec une éclatante majesté. L'arête opposée qui descend de l'Aiguille du

Midi est séparée des Grands Mulets par une sauvage vallée de glace, bassin supérieur des Bossons. Les Rochers des Grands Mulets tombent à pic dans ce bassin et plongent dans le torrent de glace fortement déchiré par la roideur de son inclinaison. Semblables aux quartiers d'une ville submergée, ils sont eux-mêmes assaillis de tous côtés par des flots de glace.

L'auberge est située sur le flanc des rochers. La petite grimpée qui conduit au sommet de ces mêmes rochers apporte une heureuse diversion à la longue contemplation du paysage et chasse du corps et de l'esprit une certaine somnolence fille de l'oisiveté. Le cerveau se montre moins actif sur les hauteurs que dans la plaine. Il réclame, comme du reste le cœur et les poumons, une certaine accoutumance pour retrouver son équilibre. Tel est du moins le résultat de mes propres expériences. Je voulus une fois poursuivre, au sein de la haute montagne, un travail entièrement étranger au milieu où je me trouvais. Je me donnai une peine énorme et fus obligé d'abandonner la partie sans avoir rien fait de bon. Dès que je fus de retour, la pensée devançait constamment la plume et le travail fut promptement terminé.

En gravissant le sommet des Grands Mulets je cueillis quelques fleurs. On trouve un certain nombre de plantes sur ces rochers[1]. Je remarquai aussi sur la neige les traces d'un animal que le guide Cuppelin, de Chamonix, me dit être une fouine. Je n'ai jamais entendu parler de chamois dans cette région et n'en ai jamais vu. On a souvent mentionné des souris qui se trouvent aux Grands Mulets. Ces petits quadrupèdes se rencontrent également dans les régions les plus stériles des déserts de l'Afrique, ainsi que dans les dunes. Quel contraste dans ces diverses conditions d'existence. Mais la frugalité de leur nourriture est partout la même.

En dépit du beau temps l'auberge ne renfermait avec moi qu'un seul hôte, un Anglais appartenant au service civil des Indes et qui voulait sans doute comparer l'air du Mont Blanc

---

[1] Le naturaliste français Charles Martin a signalé sur les Rochers des Grands Mulets (3050 à 3445 m.), la présence de 82 espèces de plantes, se divisant comme suit : plantes phanérogames, 24 espèces ; mousses, 26 espèces ; hépatiques, 2 espèces; lichens, 30 espèces. (*Trad.*)

avec celui de Bombay. Nous passâmes la soirée en agréables conversations. Il y a une mystérieuse franc-maçonnerie internationale dont les adeptes sont dispersés sur tous les points du globe. Ils se reconnaissent aux premiers mots comme membres de la grande confrérie des *globes-trotters*, et l'entretien devient aussitôt libre et cordial. Tel fut notre cas et demain matin nous ferons route ensemble.

III

Nous quittons les Grands Mulets le 31 août
vers deux heures du matin, groupés en deux
caravanes. La saison étant déjà avancée, nous
avons en perspective plusieurs heures de
marche nocturne. Il faut prendre son parti
de ce désagrément, car il importe d'arriver
de bonne heure au sommet. Rien à voir en
dehors d'un petit morceau de sol neigeux
que la lanterne éclaire d'une façon intermit-
tente. De temps en temps seulement une
courte halte vous permet de diriger les regards vers le sombre firmament étoilé ou
vers les parois de neige vaguement entre-
vues.

J'ai moins à dire sur cette ascension que
sur aucune autre. Des Grands Mulets au
sommet, nous suivons une large trace de
neige battue. Les expéditions qui nous ont
précédés ont frayé le chemin ; pour atteindre
le but nous n'avons qu'à mettre un pied devant l'autre et je n'ai pas même une fois à

m'appuyer de la main contre la glace ou le rocher.

La marche prend bientôt une allure rapide pour combattre le froid de plus en plus vif. Nous avançons droit au sud, au pied des pentes orientales du Dôme du Goûter et dans le fond d'une gorge que de Saussure appelle la Vallée de neige. Cette vallée est coupée de deux replats faiblement inclinés, le Petit Plateau, à 3680 m., et le Grand Plateau, à 3950 m. L'extrémité supérieure de ce dernier est atteinte en deux heures et demie et nous nous trouvons à 900 m. au-dessus des Grands Mulets.

Les trois routes du Mont Blanc se séparent ici. Deux d'entre elles se dirigent vers l'est, soit à gauche et conduisent à des pentes dominées à la fois par la calotte du Mont Blanc et le Mont Maudit. L'une s'appelle le Corridor et le Mur de la Côte. L'autre plus à droite, celle du milieu par conséquent et la plus courte, se nomme l'Ancien Passage. Entre ces deux voies, deux masses rocheuses s'abaissent d'une altitude de 4500 m. jusque sur le Grand Plateau; ce sont les Rochers Rouges. La route du Corridor atteint le sommet par-dessus leur tête. Le nom d'Ancien

Passage s'explique de lui-même, c'est le chemin des premières ascensions. Il suit la ligne la plus courte entre le Grand Plateau et le sommet.

La troisième route, que nous suivons, se dirige à droite vers les pentes du Dôme du Goûter. A part le passage des Bosses, elle est ennuyeuse mais très sûre. Il faut naturellement traverser la rimaie. A l'aube, en un peu plus d'une heure, nous atteignons les pentes et, après une marche de trois heures et demie dans la neige, nous touchons aux premiers rochers. Ce sont les Rochers des Bosses ; ils sont peu élevés ; un Français, M. Vallot, y a construit son observatoire bien connu.

Ces rochers appartiennent à la ligne supérieure du fer à cheval et sont à 430 m. au-dessous du sommet. Jusqu'ici nous nous sommes élevés d'environ 400 m. par heure, ce qui représente une grande dépense de force. Rien d'étonnant à ce que cet effort m'ait procuré une bienfaisante chaleur. La température, qui était de $+ 2°$ c. aux Grands Mulets, est descendue à $- 11°$ c. Pendant la marche, je n'ai nullement souffert de cet abaissement considérable. Mais maintenant qu'il faut faire halte pour relever quelques observations indispensables, la réaction se

fait sentir et la transpiration est bientôt remplacée par une impression de froidure.

S'il est une occupation du voyageur qui
puisse lui mériter la pitié des hommes, c'est
bien l'obligation de manier des instruments
de précision par un grand froid et une atmosphère agitée .Je voulais profiter de cette ascension pour mesurer la température d'ébullition
de l'eau à différentes altitudes et comparer les
chiffres de pression atmosphérique déduits de
ces expériences avec les données de deux
anéroïdes. On a l'avantage de contrôler
ainsi les anéroïdes et, grâce à ce contrôle,
de pouvoir utiliser toutes les lectures auxquelles ils ont donné lieu. En outre, je désirais mesurer l'altitude de différents points
de la route indépendamment des résultats
d'autres voyageurs, pour comparer ensuite
mes chiffres avec les leurs.

On a reconnu dès longtemps qu'il est de
toute importance, pour le voyageur, de contrôler, sur un terrain connu, les méthodes
et les instruments qu'il a employés précédemment ou qu'il sera appelé à employer
dans des régions inconnues. On vérifie ainsi du même coup les unes par les autres
ses propres observations et celles d'autrui.

Les deux tableaux suivants intéresseront

plus d'un lecteur en montrant l'abaissement de la température d'ébullition de l'eau à mesure que l'on s'élève au-dessus de la mer. Ces observations ont été relevées au moyen du même instrument (Baudin 174), au cours de ma première et de ma troisième ascension du Mont Blanc.

A. AOUT 1886

LIEU	JOUR ET HEURE	Températ. d'ébullition en degrés C.	Températ. de l'air	Altitude
Chamonix	28 4 h. 0' s.	96° 67	—	1050ᵐ
Chamonix	29. 10 h. 0' m.	96° 76	15° 0	1050ᵐ
Pierre Pointue . .	30. 10 h. 0' m.	93° 48	13° 5	2050ᵐ
Grands Mulets . .	30. 3 h. 0' s.	90° 40	7° 0	3050ᵐ
Rochers des Bosses.	31. 5 h. 30' m.	86° 03	-11° 0	4380ᵐ
Sommet du Mᵗ Blanc	31. 7 h. 15' m.	84° 60	-8° 5	4810ᵐ
Grands Mulets . .	31. 11 h. 15' m.	90° 41	6° 0	3050ᵐ
Chamonix	31. 6 h. 30' s.	96° 80	22° 0	1050ᵐ

B. AOUT 1892

LIEU	JOUR ET HEURE	Températ. d'ébullition en degrés C.	Températ. de l'air	Altitude
Courmayeur . . .	14. 2 h. 20' s.	96° 15	20° 0	1230ᵐ
Brenva (Bivouac) .	15. 5 h. 0' s.	90° 03	8° 5	3190ᵐ
Sommet du Mᵗ Blanc	16. 4 h. 30' s.	84° 92	—4° 0	4810ᵐ
Rochers des Bosses.	16. 7 h. 0' s.	86° 32	— 1° 5	4380ᵐ
Rochers des Bosses.	17. 7 h. 40' m.	86° 40	—	4380ᵐ
St Gervais . . .	18. 8 h. 30' m.	97° 50	22° 0	810ᵐ
Montanvert . . .	18. 9 h. 0' s.	93° 83	16° 0	1920ᵐ
Col du Géant . .	19. 1 h. 0' s.	89° 14	4° 5	3360ᵐ
Courmayeur . . .	20. 9 h. 0' m.	96° 05	18° 0	1230ᵐ

Après une halte d'une demi-heure aux Rochers des Bosses, nous reprenons la marche vers six heures du matin. Dès lors l'ascension devient intéressante. Nous avons atteint l'arête qui va du Dôme du Goûter au sommet du Mont Blanc, mais nous sommes encore très près du Dôme du Goûter. Nous allons tourner à gauche pour suivre cette arête. La vue s'étend maintenant des deux côtés. Etant parvenus au sommet du rempart de neige qui nous fermait l'horizon au sud-ouest, nous pouvons contempler à nos pieds dans cette direction les petits glaciers en cascade qui s'en vont former, par leur réunion, le grand glacier de Miage. En outre la chaîne de même nom se dresse sous nos yeux en son relief aérien.

Le chemin du sommet s'ouvre clairement devant nous. Il n'est pas absolument rectiligne, mais s'infléchit un peu vers la gauche, c'est-à-dire à l'est, dans sa dernière partie, en sorte que la calotte du Mont Blanc se dégage en pleine valeur. L'arête s'élève en pente rapide jusqu'au pied de la calotte et porte les deux mamelons de neige appelés Bosses du Dromadaire.

Le livre déjà mentionné de M. Ch. Durier,

si riche en données historiques du plus vif
intérêt, renferme un récit de la première
ascension des Bosses qui est dramatique
comme un roman, et en même temps d'une
parfaite exactitude. Vers 1840, le guide Marie
Couttet, de Chamonix, surnommé Moutelet
(mot patois qui signifie belette) fit tout seul,
à l'âge de 76 ans, l'ascension du Mont Blanc
par les Bosses du Dromadaire. Mais comme
il avait un extérieur ridicule et passait pour
quelque peu radoteur, personne ne voulut
croire la chose. Ses propositions à des voyageurs de les conduire par un nouveau chemin
furent repoussées avec mépris. Il avait tous
les guides contre lui. En 1848, Marie Couttet
suivit jusqu'aux Grands Mulets une caravane
qui voulait faire l'ascension par le Corridor,
chemin en usage à cette époque. Ses offres
de services furent de nouveau rejetées. Il
partit seul en avant et attendit la caravane
sur le Grand Plateau, à l'embranchement de
sa route. On le laissa là.

Mais au moment où l'expédition atteignit
le Mur de la Côte, elle aperçut Moutelet descendant de la cime et venant à sa rencontre.
Comme il n'avait pas pris l'Ancien Passage,
il ne pouvait être monté que par les Bos-

ses. Or il était âgé à ce moment de 84 ans. Pourquoi les guides de Chamonix n'ont-ils pas renouvelé aussitôt la tentative ? La route des Bosses ne fut reprise qu'en 1859 par Charles Hudson, celui qui périt plus tard, le 14 juillet 1865, au retour de la première ascension du Cervin.

Le 18 août 1892, j'eus l'occasion de m'entretenir à Chamonix avec l'ancien guide Sylvain Couttet, dont le grand-père était frère de Marie Couttet. Sylvain avait connu son grand-oncle Moutelet ; il m'en parla longuement, et ce qu'il m'en dit alors concorde presque exactement avec les récits de Durier.

L'arête nous prend presque une heure et demie. Les traces dans lesquelles nous marchons sont toujours bonnes. Après une petite halte nous gravissons la calotte et atteignons le premier sommet à 7 heures 5 minutes.

Une arête de neige presque horizontale, longue de cent vingt pas, conduit de là, vers l'est, au second sommet où elle se bifurque. L'une des branches va au Mont Blanc de Courmayeur, l'autre au col de la Brenva. La cime du Mont Blanc, comme celle du Cervin, est une ligne plutôt qu'un point.

L'air y est rarement en repos. Nous avons un vent d'est qui, bien que d'intensité moyenne, se fait sentir douloureusement en raison de la température (— 10° c., et plus tard — 8° c.) Il n'est pas facile d'allumer la lampe de l'hypsomètre. Je parviens néanmoins à faire l'observation.

IV

Pour le plus grand nombre de ceux qui atteignent la calotte du Mont Blanc, l'importance de ce point vient surtout de sa grande altitude. Bien peu le dépasseront dans leur vie. C'est donc un événement pour eux que d'atteindre 4810 m., et ils s'attendent à avoir de là une vue extraordinaire. Les descriptions ne manquent pas et après que le lecteur a essuyé la liste interminable des sommets, des rivières, des lacs, des vallées, des cités, on lui mentionne comme *nec plus ultra* la Méditerranée brillant tout au loin.

Veut-on chercher à décrire un panorama, il faut en premier lieu se rendre compte de l'éloignement des différents points. L'impression que produit un objet quelconque sur le spectateur dépend avant tout de son plus ou moins grand éloignement. On se rend compte de ce fait en regardant les tableaux qui représentent de grandes multitudes d'hommes vues dans la profondeur. Les chefs-d'œuvre d'Adolphe Menzel sont particulièrement instructifs à cet égard. La vue que l'on a du sommet du Mont Blanc produit une impression analogue. Les traits rigides du dessin sont enveloppés de cette vapeur que la nature jette sur toutes choses. Les premiers plans sont saisissants de relief; plus loin les lignes sont encore précises, mais les tons se dégradent peu à peu jusqu'à se confondre en un gris uniforme à la limite des regards.

Cette teinte grise donne même aux parties les plus rapprochées du paysage l'aspect d'une île. Toutefois, cette île se dresse, non pas au-dessus d'une mer brillante, mais comme au milieu d'une immense table d'ardoise. A partir des extrêmes limites de l'horizon, les formes et les teintes vont se différenciant et se précisant à mesure que les objets se rapprochent du spectateur. Le regard, de quelque côté qu'il se dirige, a toujours devant lui une sorte de représentation symbolique de l'histoire de la création. Au loin, c'est l'informe chaos, au sortir duquel les êtres se développent peu à peu et revêtent des formes d'autant plus précises, plus variées et plus puissantes qu'ils se rapprochent davantage. La nature même de ce développement est en outre fort différente suivant la direction des regards, c'est-à-dire suivant la puissance, l'altitude et l'éloignement des massifs de montagnes qui se trouvent dans cette direction.

Les massifs les plus en vue sont les montagnes de Zermatt, dominées par le Mont Rose, puis les Alpes bernoises, le groupe du Grand Paradis celui du Pelvoux. Ils entourent le Mont Blanc comme des satellites et leurs bastions de neige émergent des teintes grises et violettes des régions inférieures. Ils font naître l'impression d'un calme sublime parce qu'ils apparaissent seulement dans leur masse et que leurs sommets, bien que très abrupts, n'inspirent plus aucun effroi.

Une autre remarque s'impose : les sommets, même les plus marquants, ne sont rien en comparaison de leurs puissants soubassements. De même, dans l'œuvre de la civilisation, c'est le silencieux travail des anonymes accumulé dans le passé et le présent des races qui a produit les masses fondamentales. Le génie n'a fourni que le mince volume des cimes élancées. Quelle consolation pour l'obscur travailleur ! Son œuvre, couronnement de sa vie, a contribué à l'érection d'un édifice si colossal et si majestueux qu'auprès de lui le travail individuel des plus grands et des plus illustres paraît infinitésimal.

Mais ni les massifs principaux ni les autres plus rapprochés ne produisent, du haut du Mont Blanc, une impression de puissance. Ce qui frappe le plus c'est l'entourage immédiat, combinaison prodigieuse de tous les éléments dont se compose le monde de la haute montagne, assemblage de coupoles neigeuses, de dents de rochers, d'arêtes latérales, de névés suspendus et de torrents de glace enchâssés dans les verdoyants contours des vallées de l'Arve et de la Doire. Le belvédère est si élevé que le Mont Maudit, malgré son voisinage immédiat, ne masque aucune des parties de la chaîne plus éloignée qui s'infléchit de l'Aiguille Verte aux Grandes Jorasses. Dans l'arc formé par cette chaîne de hautes cimes, sommeille le bassin du glacier de Talèfre, au milieu duquel on distingue parfaitement le Jardin.

Les Grandes Jorasses semblent un majestueux pilier d'angle, à la droite duquel le

Les Rochers Rouges et la Calotte du Mont Blanc.

regard plonge, à une profondeur de 3300 m. dans les forêts de mélèzes du val Ferret, tandis que le sommet lui-même se profile sur un fond lointain formé par le massif du Mont Rose. On embrasse d'un même regard les deux versants du col du Géant, d'une part les régions supérieures du glacier du Géant, de l'autre les rapides pentes italiennes. Voici le bassin de neige qui est au pied du Mont Maudit et les rimaies qui entourent sa base, rimaies dont les lèvres de glace ont englouti tant de victimes. Voici les gracieux contours du Dôme du Goûter et les belles formes rocheuses de l'Aiguille du Midi. Entre deux, dans la profondeur, des habitations humaines visibles par-dessus le torrent de névé qui descend le long du Grand et du Petit Plateau et va former les glaciers des Bossons et de Taconnaz. Par delà Chamonix s'étagent les pentes de la rive droite de l'Arve, sur lesquels se trouve La Flégère, Plan Praz et le Brévent, les meilleurs points de vue pour le Mont Blanc. Parmi les massifs les plus remarquables, il faut mentionner enfin celui du Grand Paradis, et la partie méridionale des Alpes qu'on voit plus à droite. Mais cette partie du pano rama est souvent enveloppée de nuages, même par le beau temps.

Une arête de neige qui semble presque horizontale et va de la calotte au Mont Blanc de Courmayeur masque, il est vrai, bien des points ; en outre, le versant sud-ouest du Mont Blanc n'est pas visible. Mais la chaîne de Miage qui lui fait face élève de ce côté ses créneaux souverains, l'Aiguille de Tré-la-Tête et ses voisines.

Tout est grand ! tout est sublime ! Dans le plan de l'horizon, l'on n'est plus dominé par aucun point de la surface terrestre. Si l'on regarde au loin, ont croit planer dans les airs. Si l'on abaisse les regards, l'œil fatigué de la multitude et de la sauvagerie des formes se repose sur un tapis mollement uniforme de neige en poudre. L'alpiniste fait ensuite la revue des sommets qu'il a gravis, et repasse dans son souvenir la longue série de ses exploits. Les cimes conquises semblent alors se rapprocher. Fussent-elles même à l'arrière plan, elles se dressent, grâce à l'imagination, avec un relief qui n'appartient en réalité qu'aux sommets les plus voisins.

Plus tard, on repassera cent fois dans sa mémoire toutes ces impressions, bénissant l'heure magique pendant laquelle s'est déroulé ce panorama. Car celui qui connaît non seulement la séduisante splendeur de la haute montagne, mais aussi ses surprises et ses défenses, celui-là sait à quel point le spectacle eût pu être différent. Viennent les nuages, tout disparaît, et la toile ne se lève que pour un drame. Le paysage étincelant n'est plus que grisaille ; sur les versants et les arêtes mugit l'ouragan. Des aiguilles de glace arrachées du sol se mêlent à celles qui tombent du ciel et viennent en tourbillons ensanglanter le visage du voyageur. Le souffle lui manque, ses souffrances vont croissant, un froid glacial le saisit, terrible avant-coureur de la mort ; enfin ses forces le trahissent en même temps que l'abandonne tout espoir de secours.

La mort se promène parfois sur les flancs du Mont Blanc. En outre bien des hommes en sont redescendus avec des membres gelés, c'est-à-dire estropiés pour la vie ! Nous tenons à dire cela afin qu'on ne nous accuse pas d'avoir représenté l'ascension du Mont

Blanc comme une entreprise sans consé-quence. Quand les éléments se déchaînent autour du sommet dans toute leur violence, le plus fort d'entre les forts, le plus résolu, le plus aguerri succombe sans espoir.

V

Déterminer sur la carte l'étendue de la surface terrestre qui doit être visible du haut du Mont Blanc, puis décrire cette étendue, c'est là un procédé fort séduisant parce qu'il est à la fois simple et commode. Il suffit pour cela de supposer un cône aplati dont le sommet serait situé à 4810 m. au-dessus de la mer, et de mesurer la génératrice de ce cône entre le sommet et le point où elle est tangente à la surface de la terre. Cela donne environ 250 kilomètres. En réduisant cette longueur, proportionnellement à l'échelle de la carte et en la prenant comme rayon, on trace un cercle autour du sommet et l'on considère tous les points à l'intérieur de ce cercle comme appartenant à l'étendue visible du haut du Mont Blanc.

Mais, sans compter que nombre de points éloignés sont masqués par d'autres plus rapprochés, des erreurs se produisent en outre par le fait que la carte donne toujours la distance horizontale comme étant la distance réelle. Or cela n'est pas, car dans la réalité les divers points se présentent sous des angles visuels très différents. Nous n'avons pas à exposer ici la théorie géométrique de la perspective. Les modifications qu'elle apporte à la représentation des choses sont commandées à la fois par la position du spectateur et par celle des lignes à reproduire; en outre, il y a de grandes différences qui proviennent de l'absorption de la lumière. Tandis que, sur la carte, tous les points qui se trouvent en dedans de l'horizon sont représentés avec une égale clarté, ils sont, dans l'image envoyée par le paysage sur la rétine, d'autant moins éclairés qu'ils sont plus éloignés.

Il est impossible de calculer la résultante de tous les facteurs qui entrent en jeu pour chaque élément du paysage ; impossible par conséquent d'arriver, au moyen de la carte, à une exacte représentation du panorama. Quiconque essayera de cette méthode ne pourra éviter de grosses erreurs.

Par contre, en contemplant un panorama, il est intéressant de se rendre compte de ses dimensions géométriques. C'est ce qui correspond au réseau des degrés de longitude et de latitude d'une carte. On peut y arriver par le moyen suivant. Prenons le sommet comme point central, et traçons autour de lui un certain nombre de cercles concentriques, dont le premier aura un rayon de 50 kilomètres, le second de 100 km., le troisième de 150 km. et ainsi de suite. Le paysage se trouve ainsi divisé en un certain nombre de zones ou anneaux, avec un noyau central de 100 km. de diamètre. On calcule ensuite l'angle visuel sous lequel se présente chaque zone, et l'on se rend compte ainsi de la diminution progressive de l'angle visuel en proportion de l'éloignement.

Le cercle intérieur de 50 km. de rayon renferme tout le massif du Mont Blanc, sa prolongation au sud jusqu'au col d'Iseran, le Grand Combin et, sur la périphérie, le massif du Paradis.

La première zone (50—100 km. contient les montagnes de Zermatt, le Mont Cenis et le lac de Genève.

Dans la deuxième zone (100—150 km.) se trouvent les plus hauts sommets des Alpes bernoises, le lac Majeur, Turin, le Mont Viso, le massif du Pelvoux, le lac de Neuchâtel et Berne.

A la troisième zone (150—200 km.) appartiennent le lac de Côme, Milan, des ramifications septentrionales des Apennins, le col de Tende, Lyon et, à la périphérie, Bâle et le lac des Quatre Cantons.

Enfin la quatrième zone (200—250 km.) embrasse les Alpes bergamasques, une partie des Apennins, la Rivière de Gênes jusqu'à Nice, la partie intérieure du golfe de Gênes, un morceau des Cévennes, Dijon, le plateau de Langres, Belfort, Mulhouse, Zurich, son lac et le massif de la Bernina.

Le rayon de l'horizon mathématique du Mont Blanc a une longueur de 247 km. Grâce à la réfraction des rayons lumineux dans l'air, l'horizon visible s'étend jusqu'à 250 km.; un point lumineux placé au sommet pourrait donc être vu à cette distance, s'il était d'une intensité suffisante.

Le tableau suivant montre l'extension progressive de l'horizon en raison de l'altitude.

Altitude.	Demi-diamètre de l'horizon.
1000 m.	113 km.
1500 m.	138 km.

Altitude.	Demi-diamètre de l'horizont.
2000 m.	160 km.
2500 m.	178 km.
3000 m.	195 km.
3500 m.	211 km.
4000 m.	225 km.
4500 m.	240 km.
5000 m.	252 km.

Le calcul de ces valeurs est très simple, il repose sur une propriété bien connue du cercle. On obtient en kilomètres le demi-diamètre de l'horizon pour une altitude donnée en prenant la racine carrée de cette altitude exprimée en kilomètres et en multipliant cette racine par 112,8. Ce dernier chiffre est lui-même la racine carrée du diamètre terrestre (en kilomètres); il varie un peu, par conséquent, suivant la latitude.

Le tableau ci-dessus montre qu'à 4000 m. d'altitude on voit le double plus loin qu'à 1000 m. Remarquons en outre qu'au-delà de 100 kilomètres il n'y a que de gros massifs de montagnes, comme par exemple les Alpes bernoises, qui demeurent visibles, tandis que tout le reste est vague, insuffisamment éclairé ou noyé dans la brume. Donc d'après

le tableau ci-dessus on peut se convaincre
que, pour les zones périphériques du panorama, peu importe que nous soyons au sommet du Mont Blanc ou sur un belvédère de
1000 m. seulement. Ainsi l'extraordinaire
étendue de l'horizon ne produit pas sur le
spectateur la profonde impression à laquelle
il s'attendait. Particulièrement saisissante,
en revanche, est la vue plongeante que l'on
a sur les profondes vallées de l'entourage
immédiat ; car en général une montagne
dont l'altitude absolue est considérable possède, en même temps, une altitude relative
importante, c'est-à-dire se dresse fort au-
dessus des contrées les plus rapprochées
qui lui servent de base.

VI

Un point qui demande à être traité immédiatement après la vue du sommet et les circonstances atmosphériques, ce sont les conditions de santé corporelle de l'ascensionniste. Ces conditions sont aussi variables que l'état de l'atmosphère et peuvent osciller, suivant les dispositions momentanées ou la constitution générale du touriste, entre les limites extrêmes : parfait bien-être ou souffrances du corps et de l'esprit.

L'alpiniste assez énergique pour poursuivre ses observations en dépit de tout, plaisir ou souffrance, rendra service à la physiologie, voire même à la psychologie, en décrivant les impressions ressenties par lui sur les hauts sommets. Mais il devra se montrer très scrupuleux dans ses affirmations que personne ne peut contrôler. Nous ne connaissons en effet que nos propres sensations ; nul ne peut éprouver celles d'autrui. En rapprochant et comparant plusieurs séries d'observations individuelles, on arrivera à déterminer quels sont les effets constants produits sur l'organisme par les ascensions.

Quelles modifications subissent les fonctions de la vie lorsque l'homme transporte le poids de son corps à de grandes altitudes, et cela par ses propres forces ? Telle est la question à résoudre. Il va sans dire que le problème n'est pas le même si le transport s'effectue grâce à une force étrangère, bête de somme, chemin de fer ou ballon.

On a coutume de désigner ces modifications physiologiques sous le nom de mal de montagne. C'est une erreur, car on donne à entendre par là que l'état normal est toujours influencé dans un sens défavorable. Or le contraire peut fort bien se produire, et l'on ressent parfois une augmentation de bien-être que je nommerai volontiers l'extase de la montagne. Elle consiste en une jouissance intime, fruit d'une exaltation des forces musculaires et des sensations. Quiconque a goûté une fois à cette enivrante boisson se sentira toujours entraîné vers les sommets éthérés. Il sait qu'il y trouvera par instants la sensation du bonheur absolu.

Que dire de plus sur cette extase des cimes ? Il faut hélas s'étendre davantage sur l'autre face du sujet, le mal de montagne. Et peut-être le succès de l'art réaliste contemporain provient-il tout simplement de ce qu'on trouve beaucoup plus facile de décrire ce qui est bas que ce qui est sublime.

Les symptômes caractéristiques du mal de montagne sont : l'essoufflement, un malaise général, le mal de tête et des douleurs dans les membres. Ils paraissent être la conséquence de ces deux causes simultanées, surmenage corporel et raréfaction de l'air[1].

[1] Il faut mentionner aussi, au nombre des causes éventuelles du mal de montagne, les désordres gastriques produites par le déréglement de l'alimentation. Pour compenser une dépense exceptionnelle de force et combattre le froid, il faut logiquement recourir à une alimentation exceptionnelle aussi, c'est-à-dire plus substantielle et surtout plus fréquente. En course l'appétit s'éveille très vite. L'organisme surmené crie famine. Si l'on ne le satisfait pas immédiatement, la faim inassouvie se transforme en son contraire, l'inappétence. On ne peut plus manger. On ne peut que boire, et les défaillances surviennent, parfois mortelles. On pourrait citer telle catastrophe récente, au Cervin, produite manifestement par l'inanition d'un voyageur qui était resté plus de vingt-quatre heures sans manger. Il ne pouvait rien avaler, disait-il ! Toutefois cette remarque ne s'applique qu'à certains

Chacune de ces causes, agissant isolément, peut produire les mêmes effets à elle seule dans les cas suivants : surmenage physique sans aucun changement d'altitude, ou bien haute ascension dans la nacelle d'un ballon avec immobilité absolue. Rien d'étonnant à ce que ces deux causes, en combinant leur action, arrivent à doubler leurs effets.

La composition de l'air est la même sur les hauteurs qu'au bord de la mer. Sur cent parties d'air il y a toujours, en volume, 21 parties d'oxygène et 79 d'azote. Mais au sommet du Mont Blanc, un litre d'air ne contient que 55 % de ce qu'il contient au niveau de la mer. Et, toutes choses égales, les poumons, à 4810 m., ne reçoivent que 55 % de l'oxygène qu'ils recevaient à l'altitude de 0 m. Malgré cela, sur la calotte du Mont

tempéraments. Il y a en effet des alpinistes qui mangent fort peu en course. L'organisme vit alors principalement sur ses réserves antérieures. L'abus de l'alcool est parfois aussi entré en ligne de cause. Mais il y a heureusement aujourd'hui une forte réaction à cet égard. D'une manière générale, l'étude du mal de montagne est encore peu avancée. Nous ne pouvons qu'appuyer la recommandation de l'auteur et engager toutes les personnes compétentes à recueillir et à publier des données exactes et précises sur cette question. (*Trad.*)

Blanc, un homme de constitution normale ne souffre pas du manque d'air ; il lui suffit de respirer plus profondément et plus souvent qu'au bord de la mer, tandis qu'au bord de la mer, l'abondance de l'oxygène est assez grande pour l'en dispenser, à l'état de repos.

Ainsi tous les sommets des Alpes présentent, quant à la teneur en oxygène, les conditions indispensables à la vie. Personne, à moins d'être asthmatique, peureux ou débile, n'éprouve de difficulté à respirer en descendant du sommet du Mont Blanc. Il en est autrement à la montée où l'effort nécessaire entraîne une plus grande consommation d'oxygène. Il peut fort bien arriver alors que la respiration, au lieu de devenir simplement plus profonde et plus rapide, se transforme en une sorte de râle qui influera à son tour sur le fonctionnement du cerveau et de l'estomac.

Les alpinistes doivent se dire qu'une bonne respiration est aussi indispensable pour eux que pour un chanteur et que c'est une aptitude que l'on peut acquérir. Beaucoup de personnes, en aspirant l'air, rentrent le diaphragme au lieu de le faire bomber au dehors. C'est l'expiration seule qui doit être accompagnée d'une contraction du diaphragme, de manière à expulser plus complètement l'air vicié et à préparer une plus grande place pour l'air pur. Toute personne qui se soucie de conserver ses organes respiratoires en bon état devrait faire chaque jour des exercices de respiration. Il faut pour cela s'étendre à plat, le dos sur le sol, et respirer de la façon indiquée plus haut, puis de temps en temps redresser et abaisser le tronc, tandis que les pieds demeurent fixés au sol par un artifice quelconque.

C'est surtout en gravissant de longues pentes de neige, comme lorsqu'on monte des Grands Mulets au sommet, que le voyageur doit prendre garde à sa respiration. Il faut aspirer profondément en faisant un pas en avant, et expulser l'air avec énergie en faisant le pas suivant. De cette façon le rythme de la respiration et celui de la marche demeurent synchroniques ; on ne respire pas plus vite qu'on ne marche, et l'on ne marche pas plus vite que l'on ne respire.

D'après les observations que j'ai faites sur moi-même dans l'Amérique du Sud, la respiration s'accomplit librement et sans oppression jusqu'à 5400 m. A cette altitude, la densité de l'air est diminuée de moitié. Le point le plus haut que j'aie atteint est aussi élevé au-dessus du sommet du Mont Blanc que ce sommet lui-même l'est au-dessus des Grands Mulets. Ce fut à 6000 m. seulement que je commençai à souffrir d'essoufflement. Mais la sécheresse exceptionnelle de l'air y était sans doute aussi pour quelque chose. Entre 6000 et 6500 m. je ressentis des douleurs dans le haut des cuisses. Mais je n'eus ni maux de tête, ni saignements de la bouche ou du nez.

On trouvera dans mon livre *Voyage aux Andes du Chili et de l'Argentine* (Berlin, Gebrüder Paetel, 1888) le détail de mes observations sur ce sujet, observations que je n'aurais pas pu faire dans les Alpes dont l'altitude n'est pas suffisante. Dans ce livre je conclus ainsi :

» Le résumé de mes observations sur la » *Puna* (mal de montagne) c'est que, chez » un homme valide, suffisamment aguerri et » non épuisé de fatigue, la raréfaction de » l'air n'a pas d'autre effet qu'une augmen- » tation de l'activité pulmonaire. Ce surme- » nage des poumons produit, il est vrai, de » l'abattement et des douleurs dans les mem-

» bres. Mais l'état moral du voyageur, c'est-
» à-dire sa confiance dans ses compagnons
» et dans le succès de l'expédition, sont les
» remèdes les plus efficaces contre la *puna*.
» Ainsi, le voyageur qui à 6560 m. était en-
» core capable de travailler, est parfaitement
» en état d'atteindre l'altitude de 6970 m.,
» c'est-à-dire la pointe de l'Aconcagua où la
» teneur en oxygène n'est inférieure que de
» $1/20$ à ce qu'elle était à 6560 m. »

VII

Après une petite heure de halte au sommet, nous redescendons rapidement quoique avec prudence dans la direction des Bosses. La ligne de faîte s'abaisse non pas en une pente uniforme mais en deux terrasses successives, comme on le voit du reste en regardant le profil de la montagne. La dernière pente est la plus rapide et aboutit à l'altitude de 4400 m. Les deux versants, le français à droite, l'italien à gauche, sont roides comme des précipices, et la vue est admirablement dégagée.

La montée de cette arête s'effectuait dès longtemps, que l'on en redoutait encore la descente. La route des Bosses ne fut prise au retour que vingt-un ans après l'ascension solitaire de Marie Couttet et dix ans après celle de Charles Hudson.

Si cette arête était formée de glace et non de neige, elle serait difficile, même pour de bons alpinistes. Par trois fois (1886, 1891 et

1892) j'ai trouvé à cet endroit une neige ayant, comme sur la calotte, l'aspect et la consistance du sucre en poudre fine.

Non loin du pied de la Bosse inférieure, les rochers de même nom émergent faiblement au-dessus de la surface blanche. Ils sont à environ trois mille pas du sommet, mais cette distance ne serait que de deux mille pas en ligne droite.

Nous suivons après cela l'arête de neige qui va au Dôme du Goûter jusqu'à son point le plus bas (4273 m.). Ce col présente une belle vue plongeant sur le glacier de Miage vers lequel les roches du versant italien s'abaissent en forme de bastion. Nous venons de passer cinq heures dans les plus hauts parages de la montagne, sur la ligne de séparation des bassins du Rhône et du Pô. Nous abandonnons maintenant le bassin de ce dernier fleuve et descendons rapidement dans le fond de la vallée de neige que domine la calotte.

A 10 heures nous sommes de retour au Grand Plateau. Il ne fait pas un souffle d'air. Le soleil étincelle dans un ciel sans nuage. Ses ardents rayons, réfléchis de tous côtés par le sol immaculé et par les flancs de neige de la vallée, semblent converger sur nous et nous sommes baignés dans un océan de feu et de lumière. Pendant la nuit et à l'aube nous avons eu, jusqu'à onze degrés de froid. Au sommet, le vent et l'immobilité nous ont glacés jusqu'aux moëlles. Actuellement le contraste est aussi fort que lorsque, au cœur de l'hiver, on entre tout à coup dans l'atmosphère surchauffée d'un appartement bien clos, après un long séjour en plein air. La neige s'est ramollie et nous prenons une allure de plus en plus rapide, pressés que nous sommes de sortir de cette fournaise.

La plupart des grandes ascensions accomplies par un temps calme et pur présentent des alternatives semblables. Mais les champs de neige ne sont nulle part aussi étendus qu'au Mont Blanc. Ailleurs ils sont en outre souvent coupés par des trajets sur le rocher où le pied trouve un appui plus ferme et où les yeux peuvent se reposer sur des surfaces moins blanches.

Mais qui ne prendrait volontiers son parti d'un léger désagrément lorsque le brillant soleil et le ciel pur qui en sont la cause ont fait d'autre part le succès de l'expédition?

Bien que j'aie le visage en feu et la gorge desséchée (tous nos liquides sont transformés en blocs de glace), je m'arrête néanmoins de temps en temps pour contempler les merveilles qui nous environnent. Ce morceau de nature alpestre a pour mes yeux un charme spécial que connaissent seuls les alpinistes : je jouis de l'avoir dominé du haut de son extrême sommet.

Peu de paysages offrent aux regards un tapis de neige étincelante aussi vastement déployé, aussi rarement interrompu par des taches plus sombres de rochers nus. Cette absence de surfaces rocheuses produit une impression caractéristique. Les blanches parois se dressent immobiles et puissantes, et cependant leurs profondes déchirures, leurs séracs suspendus, leurs débris d'avalanches viennent jeter la note sombre de l'effroi au milieu de cette harmonie du sublime.

Pour cette fois nous n'apercevons aucune avalanche et après avoir traversé sans encombre les parties du Petit Plateau sur lesquelles s'abattent les débris de glace provenant du Dôme, nous atteignons les Grands Mulets à 11 heures du matin.

Ici je contrôle de nouveau les anéroïdes

au moyen du thermomètre à ébullition. Le meilleur de mes instruments a donné cette fois des indications plus exactes qu'en aucune autre ascension antérieure ou postérieure. Voici les chiffres de correction :

	A la montée		A la descente
Chamonix	$+$ 6,8^{mm}		8,3^{mm}
Pierre Pointue	6,7		—
Grands Mulets	8,3		10,4
Rochers des Bosses	7,2		—
Mont Blanc	7,9		7,9

Nous nous arrêtons une demi-heure aux Grands Mulets puis, après avoir traversé la Jonction, nous posons enfin le pied sur la terre au Pavillon de Pierre Pointue, à 1 heure de l'après-midi.

Au sortir de la région des neiges nous saluons avec joie les fleurs, les prairies et les forêts.

Du Pavillon, le regard peut suivre tout le trajet de l'ascension. C'est d'ici que le voyageur, après une entreprise manquée, devra venir contempler le paradis perdu.

Comme les cataractes d'un fleuve, plus déchiré à sa surface, mais tout aussi puissant et rapide, le glacier des Bossons déroule sa masse aux tons bleuâtres et gris blanc au pied d'une falaise rocheuse : la montagne de la Côte. L'œil s'égare dans un dédale de crevasses et l'on comprend l'effroi que les pionniers du Mont Blanc ont éprouvé en se frayant leur chemin d'ici au sommet.

Les Grands Mulets percent la glace presque au milieu de la pente et semblent une étape marquée d'avance. Puis, en faisant un demi-tour, on repose ses regards sur les forêts et les sombres et vaporeuses profondeurs de la vallée.

Enfin nous descendons paisiblement les 1000 m. qui nous séparent de Chamonix, et atteignons le bourg vers le milieu d'une brûlante après-midi.

LA MER DE GLACE
ET LE COL DU GÉANT

I

Mon ascension m'avait fait connaître le versant nord du Mont Blanc. Mais cela ne pouvait suffire pour entreprendre la description du monarque des Alpes. On sait en effet que le bassin du glacier des Bossons n'occupe que le quart de la surface supérieure du Mont Blanc. Les autres versants ne pouvaient-ils pas présenter un intérêt égal ou même supérieur?

L'un de ces versants regarde le levant et domine en partie les névés du glacier du Géant. Le long de cette face se trouve le célèbre passage de la Mer de Glace au col du Géant (3371 m.). Ce trajet, dessiné sur la carte, rappelle, par ses contours et sa direction générale, celui qui va de l'Arve au Mont Blanc par Pierre Pointue et les Grands Mulets. Même manière d'atteindre le point culminant, puis de redescendre de l'autre côté dans la vallée de la Doire. Les profils de ces deux chemins ressemblent à la coupe transversale d'une vague allant se briser vers le sud. La crête dentelée de cette vague porte le Mont Blanc et le col du Géant; son inclinaison la plus forte regarde la Doire; l'autre penchant, moins rapide, s'abaisse vers l'Arve.

L'extrémité inférieure de la Mer de Glace d'où s'échappe un torrent, l'Arveyron, se nomme glacier des Bois. Si l'on ne tient pas à aller voir la naissance de l'Arveyron on peut atteindre le bassin du glacier par un chemin plus court. On se souvient que le sentier de Pierre Pointue partage l'angle formé par l'Arve et le glacier des Bossons. Le chemin par lequel on atteint le Montanvert présente une disposition analogue. Ce dernier point (1920 m.) est situé à l'orée supérieure des forêts, sur un éperon qui descend des Aiguilles de Charmoz dans la direction de l'Arve. Il domine la grande vallée au fond de laquelle sommeille la Mer de Glace. Qui-

conque est venu à Chamonix connaît le
Montanvert. C'est de là que l'on part, généralement de grand matin, pour passer le col
du Géant et arriver l'après-midi ou le soir,
à Courmayeur. On s'élève d'abord de 1440 m.
pour redescendre ensuite de 2130 m.

On peut faire certainement ailleurs des trajets de glaciers plus longs et non moins
grandioses que celui de la Mer de Glace
au col du Géant, mais aucun autre ne m'a
fait une impression aussi fascinante.

Il en est de cela comme de la musique
classique. Plus on connaît la partition, plus
on désire l'entendre. De même plus on a étu-
dié les cartes d'une région classique, plus on
désire parcourir cette région. Les grandes
et belles choses ne nous saisissent réellement que lorsqu'elles nous sont révélées directement par nos sens; il faut que l'oreille
les entende, que l'œil les contemple, et plus
cette révélation immédiate se renouvelle,
plus aussi ces choses pénètrent en nous.

Le classique est comme un trésor inépui-
sable; plus on s'attache à le fouiller, plus
riche est la récompense. C'est un vase d'or;
quelque usure qu'il subisse on ne rencontre
que le métal pur. Le non-classique n'est

que dorure dont l'éclat disparaît à l'usage.

Ce qui frappe le plus dans la traversée du Géant c'est que toutes les parties en sont non seulement grandioses et pittoresques, mais encore harmonieusement assemblées. Il semble que la nature ait pris à tâche d'y réunir toutes les formations les plus caractéristiques de la haute montagne, et chacune dans sa beauté la plus parfaite. On y admire tous les aspects, toutes les formes que la glace est capable de revêtir, toutes les flèches, les dents ou les bastions que la pierre peut dresser dans les airs. Le sol lui-même sur lequel on marche subit les transformations les plus diverses dont chaque phase a son genre de beauté.

A l'aube première nous commençons à remonter le cours presque horizontal du large fleuve de glace et nous atteignons insensiblement l'altitude de 2000 m. Tout est silencieux autour de nous, le soleil n'a pas encore éveillé les ruisseaux du glacier, l'air est immobile, le paysage sommeille dans l'ombre, un joyeux espoir fait bondir mon cœur. Bien que nous soyons dans la région des glaces, nous avançons sans danger ni fatigue, et grâce à l'altitude relativement faible où nous

nous trouvons, les montagnes qui nous entourent nous dominent majestueusement.

Un bloc de rocher solitaire au milieu de la vaste plaine de glace (2200 m.) nous invite, après trois heures de route, au repos et à la contemplation. Pendant la marche, même en l'absence de difficultés, il est difficile d'assembler des idées. La halte nous permet de constater que nous sommes à un carrefour d'où partent trois chemins différents aboutissant chacun à un bassin de glace et de névé entouré de hautes murailles rocheuses. Le chemin que nous allons prendre s'infléchit vers la droite avant de se perdre dans le cirque ou bassin du Géant.

Quel contraste entre les franges aériennes des Aiguilles qui nous avoisinent et les contreforts massifs du Mont Blanc vers lesquels nous allons nous diriger ! Quel charme dans l'inconnu qui s'ouvre sous nos pas, car nous sommes au pied d'une large cascade de séracs au-dessus de laquelle disparaît le cirque supérieur du glacier. Les sommets des montagnes qui entourent ce cirque se montrent seuls par dessus le bord supérieur de la cataracte de glace.

Cette cataracte elle-même est due à une

rupture en forme d'escalier du sous-sol rocheux sur lequel repose le glacier. Lorsqu'il arrive à ce point, le torrent de glace se brise à la façon d'un fort carton que l'on tenterait de ployer. Des ruptures semblables se remarquent dans tous les glaciers. Il est rare en effet que les assises de rochers qui forment les flancs et surtout le fond des vallées aient une inclinaison régulière. Cela est aussi rare que de rencontrer deux hommes ayant le même caractère. De là ces alternatives de pentes douces et de sauvages ruptures que présente la surface des glaciers.

Il n'est guère de grande ascension dans les Alpes où l'on n'ait soit à traverser la rupture d'un glacier, soit à en longer le bord inférieur sous une tranche de glace menaçant de s'écrouler. On désigne ces formations sous le nom séracs, à cause de leur analogie avec les formes propres à une certaine espèce de fromage de Savoie. Ce nom était d'abord réservé aux cubes et aux tours de névé qui se rencontrent à la partie supérieure des glaciers entre des réseaux de crevasses. Il s'est étendu par la suite à toutes les formes accidentées qu'affecte la glace, même à celles qui se trouvent dans les parties inférieures, au-dessous de la région des névés proprement dits.

Celui qui aborde pour la première fois des séracs, s'arrête émerveillé devant ce labyrinthe étincelant de glace bleuâtre qui surpasse, par la variété de ses formes, les rochers les plus démantelés. La disruption de la glace sous l'effort de sa propre pesanteur, sa fluidité relative par l'effet de la pression, le modelage qui résulte de la fusion superficielle, tout cela engendre des formes caractéristiques dues à l'influence combinée de ces diverses causes spéciales. Les nuances variées que prend la glace viennent en outre accentuer l'étrangeté de ce spectacle. Lorsque la lumière blanche traverse une tranche suffisamment épaisse de glace pure, celle-ci se colore en un bleu d'autant plus foncé que la tranche est plus épaisse. Et comme les divers rayons lumineux qui viennent frapper la rétine ont fait à travers la glace un trajet plus ou moins long, on comprend que la variété des nuances vient s'ajouter à celle des formes. Notons enfin une troisième cause, les eaux de fusion qui imprègnent la couche superficielle de la glace, et produisent des effets divers, entre autre une sorte de scintillement perpétuel plutôt désagréable à l'œil.

On se demande involontairement s'il n'est pas impossible de se frayer un passage à travers ce dédale étincelant. En fait on y parvient. Le piolet à la main, on attaque les flancs des crevasses, on entaille les arêtes des pyramides, on chevauche le tranchant des crêtes. Et quand on a pratiqué quelques fois cette marche de pionnier, on finit par aborder sans crainte, quoique avec attention et prudence, les passages de séracs. Il est bon néanmoins d'éviter une téméraire assurance ; le comble de l'habileté consiste à veiller sur chaque pas que l'on fait comme s'il allait être fatal.

Les séracs présentent du reste un danger plus redoutable que chutes et glissades ; ce sont les ruptures et les mouvements imprévus de ces masses glaciaires. Ces bouleversements sont parfois localisés et restreints; mais parfois aussi ils se produisent simultanément sur le front tout entier de la région. La pente est-elle rapide, alors l'avalanche se forme, s'élance et ne s'arrêtera que sur le prochain replat qu'elle recouvrira d'un amas formidable de blocs épars. « Memento mori ! » disent au voyageur les débris de l'avalanche qu'il doit traverser. La menace et le danger sont plus grands encore lorsqu'il faut exécuter une marche horizontale au pied d'une tranche de névés crevassés, surplombants et prêts à s'écrouler.

Je n'ai jamais laissé derrière moi un semblable passage sans pousser un soupir de soulagement. J'ai appris à connaître, en effet, la redoutable violence de ces phénomènes. Leur fracas de tonnerre a retenti tout près de mon oreille ; la pression de l'air m'a précipité dans une crevasse, tombe glacée qui s'ouvrait à mes pieds et, du fond de cet abîme, j'ai vu passer l'énorme avalanche ! Cela suffit pour vous inoculer à toujours un frisson d'effroi qui reparaît chaque fois que l'on se retrouve en de semblables passages.

En quittant la région inférieure du glacier notre trajet prend désormais un autre caractère. Notre point de direction est la Tour Ronde (3792 m.) qui se montre à l'arrière-plan, à gauche du Mont Maudit, qui est, lui-même, un bastion avancé du Mont Blanc. Une montée d'environ 300 m. nous amène à la base des séracs et voici, sous nos pieds, des taches de neige rouge, dont la couleur est due, on le sait, à la présence de certains organismes. En 1892 je retrouvai cette neige rouge; elle occupait même une plus grande étendue. La coloration s'accentue sous la pression du pied, tout comme la phosphorescence de la mer devient plus vive lorsqu'on agite l'eau.

La rupture du sous-sol qui détermine la formation des séracs est accompagnée d'un étranglement du glacier causé par des contre-forts de l'Aiguille du Plan et de l'Aiguille du Géant qui font saillie de chaque côté. Les séracs se trouvent entre 2560 et 2710 m. ; la chute atteint donc une hauteur de 150 m. Nous les traversons en trois quarts d'heure. Si l'on se retourne vers la vallée, on aperçoit encore le Jardin, et l'on peut constater au moyen d'un instrument *ad hoc*, que le bord supérieur de la région des séracs est au même niveau que l'extrémité inférieure de cet îlot rocheux entouré de moraines et qui affecte la forme d'un cœur. Cette observation m'est utile pour contrôler les cotes d'altitude que j'ai relevées.

En franchissant les séracs on quitte le glacier proprement dit pour entrer dans la région des névés. Toutefois cette distinction ne se fonde que sur la couche superficielle, car il est vraisemblable que, par-dessous les névés et les neiges des hauts parages, on trouverait toujours, dans la profondeur, de la glace parfaitement compacte.

Nous entrons maintenant dans un vaste cirque dont le sol déchiré est encore plus redoutable que les séracs. Des ponts de neige sur lesquels il faut passer peuvent se rompre à l'improviste, et l'on risque de s'égarer dans le dédale des crevasses. La marche devient de plus en plus pénible à mesure que

le soleil ramollit et rend plus éblouissante
la surface de la neige. La pente se fait plus
roide en apparence et les 600 m. qui restent
à gravir présenteraient bien peu de charme
si le cirque des montagnes ne gagnait par
contre en splendide majesté.

Le bassin supérieur du Géant, vu de son
centre, ne s'ouvre qu'au nord, du côté de
la pente. Dans toutes les autres directions
le regard se heurte à une couronne de sommets allant des Aiguilles au Mont Blanc, de
celui-ci à la Tour Ronde, puis au col du
Géant pour aboutir enfin à l'un des plus merveilleux campaniles des Alpes, l'Aiguille du
Géant.

Le base de cette aiguille ressemble à une
mâchoire inférieure dans laquelle la nature
aurait implanté une dent gigantesque de 300
m. Point de neige sur les parois. Une tache
blanche se montre cependant à 3940 m.; il
y a là en effet une crevasse du rocher, à
100 m. du sommet. L'un dans l'autre, de la
base au sommet, il faut compter 230 m. de
pure gymnastique. Entre cette flèche brune
et aiguë et la blanche calotte du Mont Blanc
le contraste est aussi absolu que possible.
Une ligne droite allant, sur la carte, de l'une

à l'autre de ces deux cimes couperait le chemin du col du Géant à environ 150 m. au-dessous du point culminant du passage.

Autre contraste au sommet du col, mais cette fois entre deux paysages entiers et non plus seulement entre deux cimes. Ces deux paysages se rencontrent et se heurtent le long de la ligne de faîte du massif que l'on franchit en un point de légère dépression. Ce sont, d'un côté un bassin de névés et de vastes fleuves de glace, de l'autre des gorges abruptes sillonnant une région rocheuse qui ressemble à l'éboulement d'un plateau. La descente s'opère sur l'une des arêtes de ce penchant, entre deux petits glaciers, et Courmayeur paraît être tout près, bien que situé à 2100 m. plus bas.

La Doire du val Ferret et celle du val Veni embrassent le massif; leurs vallées verdoyantes et couvertes d'habitations charment les regards et semblent appeler le voyageur. Le versant sud-est tout cuirassé de glace plonge dans le glacier de la Brenva. Dominé par le Mont Blanc de Courmayeur, la calotte et le Mont Maudit, il imprime à la vue du col du Géant, un cachet de grandeur d'autant plus saisissant qu'on s'arrête davantage à le contempler.

La route entre Courmayeur et le sommet du col peut se faire parfois sans mettre le pied sur la neige. Quand on monte de nuit dans ces conditions et qu'on atteint le col à la pointe du jour pour gagner ensuite le Montanvert à travers des neiges ininterrompues, le contraste est si saisissant qu'on croit être le jouet d'un rêve. J'ai éprouvé moi-même cette étrange sensation le 22 septembre 1865.

Le col du Géant jouit dès longtemps d'une réputation qui, semblable à celle du Mont Blanc entre les autres montagnes, le place au-dessus de tous les hauts passages alpestres. Ce col et cette cime méritent tous deux leur renom qui remonte à de Saussure et à ses travaux. Le naturaliste genevois passa seize jours ici, du 3 au 18 juillet 1788, l'année après son ascension au Mont Blanc. Il fit d'importantes observations météorologiques dont les résultats ont été publiés en 1891 par son petit-neveu Henri de Saussure, d'après le manuscrit original. Elles ont une valeur exceptionnelle parce que des séries d'observations parallèles étaient faites en même temps à Chamonix et à Genève.

La cabane bâtie par de Saussure a déjà été reconstruite deux fois. La reine Marguerite d'Italie est venue s'abriter dans la cabane actuelle, pendant une nuit d'orage, du 16 au 17 août 1888, comme l'atteste une inscription gravée sur une plaque de marbre. Par le beau temps un refuge ne serait pas nécessaire pour la simple traversée du col. Ce refuge est néanmoins le bienvenu, car les impressions saisissantes s'accumulent à tel point qu'on n'est pas fâché d'y échapper pour quelques instants en entrant dans la cabane.

Quand on veut faire l'ascension de l'Aiguille du Géant on vient coucher au col et l'on a la jouissance de passer toute une soirée sur ces hauteurs.

DE COURMAYEUR AU SOMMET

PAR LES

ROCHERS DU MONT BLANC

AVEC RETOUR PAR L'AIGUILLE GRISE

I

Ainsi que je l'ai déjà dit, je voulais faire connaissance avec le versant italien du Mont Blanc et gagner le sommet par ce côté. En 1886, lorsque j'arrivai à Courmayeur par le Col du Géant, un subit changement de temps vint entraver la réalisation de ce dessein.

En septembre 1888, bien que ce mois ne se montrât guère propice aux ascensions, je me rendis de nouveau à Courmayeur dans le même but. J'avais avec moi Émile Rey. Nous venions de faire, en partant de Cogne, la tournée de la Grivola et du Grand Paradis, et projetions la traversée du Mont Blanc, de Courmayeur à Chamonix. Nous arrivâmes le 13 septembre au lac Combal, à trois heures

et demie de marche et à 700 m. au-dessus
de Courmayeur. Mais une pluie fine, semblable à celle de la plaine, nous arrêta à
l'altitude de 1940 m.

Il est encore plus difficile de savoir rebrousser chemin à temps que de choisir judi-
cieusement le moment du départ. Pour l'heure, le retour semblait indiqué. Cependant, ne
voulant pas laisser échapper la chance d'une
amélioration du temps, nous nous arrêtâmes
à la cantine de la Visaille, méchante auberge
située à 1650 m., en face du contrefort de
Péterel. Notre persévérance ne fut pas récom-
pensée. La pluie devint plus forte, l'air plus
lourd, le brouillard plus épais. Des mous-
tiques nous déclarèrent la guerre. L'entrain
descendit bientôt au niveau du minimum barométrique ; ce fut, en un mot, l'envers des
plaisirs alpestres. La nuit n'ayant amené aucune amélioration, nous profitâmes d'une
éclaircie pour regagner Courmayeur par un
vent de siroco et sous les traits ardents que
nous décochait le soleil par les meurtrières
des nuées d'orage.

En 1890, c'est-à-dire après un nouvel intervalle de deux ans, je partis du Montanvert
le 15 septembre et arrivai le même jour à

Courmayeur après avoir gravi le col et l'Aiguille du Géant. Le jour suivant fut consacré aux préparatifs ; il pleuvait le soir ; le lendemain matin néanmoins nous nous mîmes en route par le brouillard et atteignîmes à 3 h. après midi, avec des alternatives de nuages et de temps clair, la cabane Quintino Sella, située sur les rochers du Mont Blanc, par 3370 d'altitude et à 2150 m. au-dessus de Courmayeur.

Nous y passâmes la nuit du 17 au 18 septembre. Les brouillards qui nous enveloppèrent toute la nuit étaient encore là au matin. Leur humidité, se condensant sur la surface froide des rochers, avait recouvert ceux-ci d'une couche de glace unie et dure.

Le roc se présentait ainsi avec tous les inconvénients des pentes de glace, mais sans l'avantage qu'elles offrent, c'est-à-dire sans la possibilité de tailler des marches. Dans de telles conditions on peut effectuer de courts trajets, mais non s'engager le long des immenses arêtes par lesquelles doit se faire l'ascension. En outre le temps demeurait incertain.

Le retour s'imposait et je pus me rendre compte de ce que doit être une ascension du Mont Blanc par ce versant lorsque les rochers sont cuirassés de verglas.

La descente ne fut pas facile ; mais, comme il ne s'agissait que de descendre, nous pûmes atteindre les régions inférieures où le verglas cessait. Arrivés sur le glacier de Miage, à 900 m. au-dessous de la cabane, nous remontâmes en trois heures, malgré le mauvais temps, au col de même nom (3376 m.). De là, par une vallée latérale et en traversant le glacier savoisien de Miage, nous passâmes dans le val Montjoie et arrivions le même soir à Chamonix par Saint-Gervais.

L'expédition ne fut pas complètement manquée, je pus recueillir un certain nombre d'observations qui me furent utiles pour l'ascension plus heureuse de l'année suivante.

II

Le 9 septembre 1891, j'organisai de nouveau une caravane en vue d'une troisième
tentative. Outre le guide Emile Rey, je pris
avec moi deux des hommes qui m'avaient accompagné en hiver aux Jorasses et au Grand
Paradis.

La route que nous adoptâmes, à savoir :
monter par les rochers du Mont Blanc et
redescendre par l'Aiguille Grise, doit être
recommandée à tous les alpinistes qui partent de Courmayeur et veulent y revenir. De
toutes les combinaisons possibles, c'est la
meilleure; elle est à la fois instructive et
intéressante. En revanche, on ne saurait
recommander le même trajet en sens inverse; il n'a, du reste, jamais été essayé.

Le 10 septembre nous quittons Courmayeur
et nous nous engageons dans le val Véni dont
nous suivons la rive droite; l'autre côté, soit
la rive gauche, appartient au massif du Mont
Blanc. Les regards sont bientôt attirés par le

puissant glacier de la Brenva et son énorme moraine terminale. Le sentier, pendant ce temps, s'élève peu à peu à travers de jolis bois de pins. De blancs nuages sont suspendus dans les airs et aux flancs des montagnes. Par leurs ouvertures, des rochers, des glaces et des neiges se montrent ou se laissent deviner. On sait que les pans de montagnes que l'on aperçoit à travers et par dessus les nuages semblent gagner en altitude, et cette impression vient accroître la saisissante majesté du contrefort de Péteret.

Au bord du chemin voici la blanche chapelle de Notre-Dame-de-la-Guérison, point brillant sur lequel nos regards se sont souvent arrêtés du haut des sommets. Le sentier en pente douce s'infléchit, vers 1500 m., autour de la base du Mont Chétif, singulière sommité en forme de pain de sucre. Au moment où l'on tourne le dos à la forêt de pins et de mélèzes pour se diriger, à travers la vallée, vers l'arête de Péteret, on arrive sur un replat, le Plan Véni, tout couvert de verdoyants pâturages.

La nature a réuni dans ce lieu toutes les beautés et tous les contrastes de la haute montagne, forêts et prairies, torrents d'eau et de glace. Le tableau est ravissant aussi bien dans la douce clarté du soir que sous les nappes de lumière du milieu du jour. Deux jours plus tard, en redescendant du Mont Blanc, je pus contempler ce paysage dans tout son éclat. Pour le moment la pointe des Jorasses se montre seule à travers les nuages.

La Cantine de la Visaille est située au-dessus du plan Véni. Aussitôt qu'on l'a dépassée on entre dans les moraines du glacier de Miage. Le glacier descend perpendiculairement vers le val Véni dont il couvre le versant gauche des débris qu'il charrie. Le val se trouve même fortement étranglé et le chemin qui conduit au lac Combal est enserré dans une sorte de gorge. Des mélèzes rabougris croissent sur le penchant de la moraine terminale. On gravit cette moraine et l'on arrive, sans apercevoir encore le glacier, sur la face qui regarde le lac Combal.

Il n'est pas beau, ce petit lac ! Misérable flaque d'eau grise et sale, il cadre mal avec les splendeurs qui l'environnent. Il a pu jadis exciter l'admiration grâce à des digues qui élevaient le niveau de ses eaux. A son extrémité supérieure s'étendent des prairies au-delà desquelles on voit les masses immacu-

lées du glacier de l'Allée Blanche. A l'arrière-
fond se trouve le col de la Seigne.

Il faut vingt minutes pour gravir la moraine
du Miage ; alors seulement on aperçoit, à
2070 m. de hauteur, le puissant glacier de
même nom. La longue gorge au fond de laquelle il se déroule ressemble à un « *Cajon* »
du Chili, à une sorte de coffre immense, tant
sont hautes et abruptes les parois et les bastions qui l'emprisonnent.

Le chemin se dirige d'abord dans l'axe
du col de Miage que l'on voit nettement devant soi. Après une heure et demie de marche, on pénètre dans un étrange paysage
alpestre où de hautes arêtes déversent de
toutes parts des cataractes de névés sur un
sol de glace. Un cirque plus étendu commence à se montrer, mais on n'en peut encore déterminer les contours supérieurs que
du côté de l'Aiguille de Bionnassay et du
Dôme du Goûter. Nous sommes trop près du
Mont Blanc et trop au pied du sommet pour
l'apercevoir. Impossible par conséquent de
distinguer le chemin que nous allons prendre pour l'ascension.

Le point que nous avons atteint se trouve à
la base de la ligne la plus courte que l'on puisse tracer du sommet du Mont Blanc jusqu'au

glacier. Cette ligne traverse un versant de névé et de glace duquel émergent de nombreux rochers semblables aux îles d'un archipel. Tout cet ensemble s'appelle glacier et rochers du Mont Blanc. C'est par là que nous allons monter, et nous attaquons la pente à l'endroit où débouche le glacier du Mont Blanc. Nous n'apercevons que les assises inférieures de ce glacier. Ce sont des masses profondément déchirées. Au milieu se dresse un rocher vers lequel nous nous dirigeons. Rampant entre les crevasses, sous des séracs menaçants, nous atteignons en une demi-heure un sol meilleur, le pied des rochers du Mont Blanc, sur la rive droite du glacier. La section la plus difficile du parcours se trouve entre les cotes 2430 et 2580 m. C'est là qu'un porteur a été tué par une chute de glace.

Nous suivons maintenant le flanc de la paroi dont l'inclinaison demeure égale et forte, puis nous faisons halte à 2645 m. près d'une source, au milieu d'une abondante végétation. Je note quinze espèces de fleurs, entre autres : le myosotis, deux espèces de trèfle, deux chardons, une campanule, un chrysanthème, une achillée et le petit silène sans tige que j'ai rencontré également sur l'arête déchirée des Aiguilles de Charmoz (3442 m.). En re-

vanche je ne trouve pas la renoncule glaciaire. Cette fleur semble beaucoup plus rare
dans le massif du Mont Blanc qu'en Engadine. Je n'en ai trouvé que dans la région de
la Brenva, et quelques exemplaires seulement. Toutes ces plantes rivalisent de vigueur
et d'abondance. Une ardente lumière inonde
ces roides gazons. Quel contraste avec les
amas de glace qui les entourent !

A mesure que nous montons la végétation
s'appauvrit; plus rien enfin que le rocher nu.
A 3100 m. nous passons près d'une vieille
cabane hors d'usage. La chaleur est intolérable. Nous atteignons enfin le refuge (3370 m.)
où nous devons passer la nuit.

Le chemin suit tantôt la crête des rochers,
tantôt la face qui regarde le glacier du
Mont Blanc, tantôt, pour finir la face tournée
vers le glacier du Dôme. A cause de nos haltes nombreuses, nous avons mis dix heures
de Courmayeur au refuge. C'est la même
cabane Quintino Sella dans laquelle nous
avons une fois déjà passé la nuit. On la nomme aussi cabane de l'Aiguille Grise. Mais ce
nom appartient plus proprement aux rochers
qui font face à ceux dits du Mont Blanc.
Entre deux se trouve le glacier du Dôme.

III

Le lendemain 11 septembre, nous partions
peu après deux heures du matin, et neuf
heures plus tard nous étions arrivés au sommet du Mont Blanc. En déduisant une heure
et demie de haltes, il reste sept heures et
demie de marche effective. De la cabane
Sella au sommet il y a une distance d'environ trois kilomètres à vol d'oiseau; la différé-
rence d'altitude est de 1440 m. et la pente,
de 30 degrés.

On se dirige presque en droite ligne vers
le sommet, soit au nord-est. Si l'on fait abstraction de la dernière demi-heure, la pente
atteint 32°21'. Cette forte inclinaison se main-
tient pendant une grimpée de 1330 m., c'est
à dire jusqu'à l'altitude de 4760 m. Citons
comme point de comparaison l'ascension du
Cervin par le versant suisse. Elle comporte
une grimpée de 1182 m. entre les cotes 3300
et 4482 m., avec une pente moyenne de
39 degrés.

Le trajet s'effectue dans le bassin du glacier du Mont Blanc, et l'on sait que ce glacier est alimenté par plusieurs courants de névés. La région, avons-nous dit, est comparable à un archipel, de là une agréable alternance entre les rochers et la glace. Nous n'avons rencontré de réelles difficultés qu'au début, lorsqu'il nous fallut, au sortir de la cabane, gravir une pente de neige glacée, puis franchir une grande crevasse à l'altitude de 3740 m. Il était environ quatre heures du matin ; l'obscurité était complète et nous n'avions d'autre clarté que celle de la lanterne.

Le tableau suivant où l'ascension se trouve divisée en six sections remplacera avantageusement une description plus ou moins monotone.

I. 2 h. 18' à 3 h. 18' — de 3370 à 3650 m.; névé en pente roide, marches à tailler.

II. 3 h. 18' à 4 h. 45' — de 3650 à 3810 m.; (16 min. de halte) plateau de neige, rimaie, rochers, névé.

III. 4 h. 45' à 5 h. 15' — de 3810 à 3845 m.; traversée d'une pente de glace.

IV. 5 h. 15' à 8 h. 50' — de 3845 à 4400 m.; (54 min. de halte) grimpée du premier gros massif de rochers.

V. 8 h. 50' à 10 h. 37' — de 4400 à 4700 m.; (10 min. de halte) pente et arête de névé, petit massif supérieur de rochers et dernière pente latérale de névé.

VI. 10 h. 37' à 11 h. 8' — de 4700 à 4810 m.; calotte du Mont Blanc.

Les premiers rayons du soleil nous atteignirent vers huit heures à 4250 m. d'altitude; leur apparition fit cesser le froid et me délivra du souci de garantir mes doigts, gelés huit mois auparavant au Grand Paradis. Ceux du milieu, à la main droite, bien que complètement guéris et ayant précédemment retrouvé toute leur sensibilité, supportaient mal les sept degrés et demi de froid que nous avions. Ils étaient comme morts et d'une blancheur peu rassurante. Plutôt que de recourir à des gants, je préférai, pendant la marche, les maintenir en contact immédiat avec mon corps, et j'évitai ainsi de nouvelles avaries.

Une demi-heure avant le sommet on rejoint le chemin de Chamonix, au-dessus des Bosses du Dromadaire qu'on laisse à gauche. L'arête supérieure est donc atteinte à 4700 m., et l'on contemple dès lors l'autre versant, caché jusque-là, à savoir la grande vallée de neige par où l'on monte de Chamonix. La large trace que nous rencontrons nous fait l'effet d'une grande route en comparaison du trajet que nous venons de faire.

A ce moment nous rencontrons des personnes qui descendent du sommet. Pour nous entretenir avec elles nous recourons à trois langues différentes, l'italien, l'anglais et le français, avant de découvrir leur nationalité absolument dissimulée par l'altération des traits et du costume.

IV

Un vent assez violent régnait au sommet,
mais nous trouvâmes dans l'intérieur même
de la Calotte un abri tout à fait inespéré. En
août 1891, sous la direction de l'ingénieur
et cartographe suisse M. Imfeld, et sur l'ordre
du physicien français M. Janssen, une galerie fut creusée dans la masse de névé de la
Calotte, à douze mètres au-dessous du sommet, du côté nord. Lorsque j'y entrai, cette
galerie avait une longueur de près de 30 mètres ; se dirigeant vers le sud-est, elle abou-
tissait exactement au-dessous du sommet.
Donc le flanc de la Calotte qui regarde Chamonix a une inclinaison de 22 degrés. Un
homme de taille moyenne pouvait se tenir
debout dans ce tunnel dont la hauteur était
de 1 m. 80 et la largeur d'un pas et demi.

Je remarquai que la constitution intime de
la Calotte se modifie très rapidement du dehors au dedans. La neige en poussière que
l'on trouve à la surface se transforme bien-

tôt en névé granuleux et, à six mètres de l'entrée du tunnel, la glace est déjà compacte. L'axe de la galerie faisant avec la surface un angle de 22 degrés, la couche superficielle de névé se trouve n'avoir que deux mètres et quart d'épaisseur. Au-dessous c'est la glace dure. Bien qu'il soit prématuré de tirer de ces seules données une conclusion générale, on peut cependant considérer comme vraisemblable que les masses rocheuses des Alpes sont recouvertes, dans leur partie supérieure, d'une calotte de glace proprement dite dès que la masse de neige et de névé atteint une épaisseur suffisante.

Ce n'est pas en vue de recherches de ce genre que la galerie a été creusée. Il s'agissait de savoir s'il serait possible d'atteindre le rocher et de le mettre à nu pour y poser les fondations d'un observatoire. J'appris plus tard que le travail de M. Imfeld était demeuré sans résultat. Bien qu'on eût poussé la galerie encore 23 mètres plus avant et dans une nouvelle direction, à savoir perpendiculairement à droite, on ne parvint pas à rencontrer le rocher. Au mois d'août de l'année suivante, je pus me convaincre que l'hiver (1891-1892) et ses orages avaient respecté le tunnel que l'on avait du reste protégé par une solide porte de bois.

C'est une audacieuse et belle entreprise que celle d'établir un observatoire au sommet du Mont Blanc pour y étudier les phénomènes optiques et météorologiques. Ce projet avait déjà été réalisé à 430 m. au-dessous du sommet. Nous avons dit, en effet, que M. Vallot a construit un observatoire sur l'un des rochers des Bosses, à 4362 m. d'altitude. Cette construction comprend plusieurs petites pièces réservées à M. Vallot, une cuisine fort bien aménagée avec un poêle à pétrole et deux chambres que le constructeur a concédées à la commune de Chamonix ; ces deux pièces restent toujours ouvertes et sont constamment à la disposition des voyageurs.

Plus récemment, M. Vallot a fait construire sur l'autre rocher des Bosses une cabane spécialement destinée aux voyageurs, s'assurant ainsi pour lui-même plus de place et surtout plus de tranquillité.

Ces constructions si haut perchées, diminuent le danger que courent les caravanes lorsque le temps vient à se gâter subitement. Elles ont certainement sauvé la vie à bien des personnes. D'autre part la perspective de trouver un abri provoque des ascensions qui sans cela n'auraient pas lieu. En fait, trois hommes qui ont passé la nuit à l'observatoire Vallot dans l'été de 1891, sont morts sur le Mont Blanc. Deux d'entre eux ont été emportés, le 21 août, par une avalanche de glace déterminée, selon toute vraisemblance, par plusieurs jours de mauvais temps. Le troisième, à savoir le Dr Jacottet, médecin à Chamonix, est mort à l'observatoire, dans la nuit du 1er au 2 septembre, après avoir le jour précédent accompagné M. Imfeld au sommet. Il fut atteint d'une inflammation aiguë des poumons et du cerveau qui, dans l'opinion des médecins, fut fatalement aggravée par la raréfaction de l'air.

Pendant un séjour que je fis à Zermatt après ma seconde ascension du Mont Blanc, je fis la connaissance de M. Imfeld. Il me fournit la plupart des renseignements que je reproduis ici et me donna ses publications relatives au creusage de la galerie. Cet homme de mérite a eu de mauvais moments à traverser. Dans l'espace de quatre semaines, soit entre le 7 août et le 3 septembre, il a dirigé trois expéditions pour le Mont Blanc.

Sur vingt-sept nuits consécutives, il n'en a passé que neuf à Chamonix, et par contre, treize à l'observatoire Vallot et trois aux Grands Mulets.

Le séjour à l'observatoire fut particulièrement difficile dans la troisième semaine d'août. Les orages se succédaient sans interruption. La communication avec la vallée était impossible. La température tomba au-dessous de zéro à l'intérieur de la cabane, quoiqu'un grand nombre d'hommes y fussent entassés les uns sur les autres.

Deux caravanes y étaient venues chercher abri. Elles durent attendre plusieurs jours et tentèrent enfin de redescendre à Chamonix, le 21 août, en compagnie de cinq ouvriers de M. Imfeld. Cela faisait en tout onze personnes, parmi lesquelles deux alpinistes, le comte Faverney et M. Rothe. Tous les onze s'attachèrent en une seule cordée. On a peine à croire que semblable faute soit possible à une époque où, grâce à l'expérience de l'alpinisme, on possède des principes et des règles incontestables. Dans le voisinage du Petit Plateau, une avalanche fondit sur eux avec le fracas du tonnerre. Les deux alpinistes et trois porteurs furent précipités dans une crevasse. Le comte Faverney en sortit vivant, mais M. Rothe fut retiré à l'état de cadavre. Un porteur perdit la vie avec lui.

Deux médecins séjournèrent à l'observatoire avec M. Imfeld du 15 au 20 août et firent, sur les effets physiologiques de la raréfaction de l'air, de précieuses observations destinées à la publicité. Les ouvriers employés au tunnel avaient besoin d'un certain temps pour s'accoutumer à l'influence de l'altitude ; au commencement, ils avaient la respiration courte, se fatiguaient vite, et paraissent avoir souffert tous d'insomnie et de manque d'appétit.

Nous ne restons à l'intérieur du tunnel que le temps nécessaire pour en déterminer l'orientation. Debout à l'entrée, entre les deux parois de glace, on pouvait se croire dans quelque galerie de saline à 4800 m. d'altitude. Cet effet d'imagination chasse toute autre idée, et l'état d'esprit que j'appelle l'extase de la montagne me saisit avec puissance et me retient longtemps au sommet.

Au lieu de descendre sur Chamonix, nous choisissons la route qui se dirige à gauche à partir du Dôme du Goûter et passe par l'Aiguille Grise. Nous faisons une halte d'une heure au refuge Vallot où le gardien, Alphonse Payot, un guide de mérite, nous accueille fort aimablement. J'apprends que M. Vallot doit arriver dans peu de jours et je charge Payot de lui présenter mes remerciements pour l'hospitalité reçue sous son toit.

Dans le voisinage du Dôme, nous gagnons la ligne de faîte du cirque du Miage et marchons dans la direction de l'Aiguille de Bionnassay jusqu'au point coté 3890 m. Quelques passages de cette route aérienne traversant l'espace en une ligne étroite et légère, sont dangereux à cause des corniches de neige. Nous passons d'une face à l'autre de l'arête, faisant une moitié du trajet sur le versant du glacier de Bionnassay, l'autre moitié sur celui qui plonge vers le glacier du Dôme. Cette arête de neige nous prend un peu moins de deux heures, puis nous arrivons à la place où, très probablement, furent précipités en 1890, le comte Villeneuve, J.-J. Maquignaz et un autre guide. On sait que leurs cadavres n'ont jamais été retrouvés.

La route s'abaisse maintenant à gauche, le long de pentes roides, vers le glacier du

Dôme. Les glaces profondément déchique-
tées nous offrent de sérieuses difficultés, les
seules de toute la descente. Deux heures
après avoir quitté la ligne de faîte nous atteignons les rochers de l'Aiguille Grise où
se trouve, à 3120 m., la cabane du Dôme.

Le lendemain matin nous descendons vers
Courmayeur, tout d'abord par l'arête de
l'Aiguille Grise, puis à droite par des pentes
rocheuses et fleuries qui nous amènent au
glacier supérieur du Miage. Au-dessous de
l'endroit où cet affluent se déverse dans le
glacier principal, se termine et se ferme la
grande boucle que nous avons faite en ces
deux jours. Un dernier regard vers les
hautes pentes du Mont Blanc, puis nous
quittons la région du Miage et regagnons
Courmayeur.

Aucune excursion dans la haute montagne
ne saurait unir aussi parfaitement les impressions de beauté et de grandeur. Cette
course m'a laissé des souvenirs inaltérables,
dont la vivacité ne cesse de me charmer et
qui sont pour beaucoup dans ma résolution
de donner le jour à ce livre.

LA TRAVERSÉE DU MONT BLANC
DE COURMAYEUR A ST-GERVAIS

PAR LE

GLACIER DE LA BRENVA

I

Après avoir écrit les pages qui précèdent, j'entrepris un voyage de deux mois (juin et juillet 1892) en Norvège. Au retour, il me parut nécessaire d'aller vérifier sur place, manuscrit en main, l'exactitude de mes descriptions. Je désirais en outre, poursuivre mon étude du massif du Mont Blanc et tenter une ascension par la face sud-est, qui s'abaisse sur le glacier de la Brenva en un large et roide versant. Je savais l'entreprise dangereuse. Mais si elle venait à réussir, elle me fournirait des aperçus nouveaux. Je résolus donc de faire une tentative.

Je fus alors assailli par le souvenir de mes propres descriptions des accidents survenus au Mont Blanc. Mon tour n'allait-il pas venir de payer tribut aux précipices ? L'attrait de l'inconnu l'emporta cependant, avec l'aide de cette présomptueuse conviction que chacun possède, d'être en quelque sorte un privilégié du destin, et de pouvoir réussir là où d'autres ont échoué.

L'événement nous fut favorable, mais non sans nous conduire à deux doigts de notre perte.

Nous partimes de Courmayeur le 15 août 1892 et l'expédition nous prit cinq jours. Le temps ne cessa d'être d'une pureté et d'une douceur parfaites. Je n'ai joui qu'une seule fois d'une égale faveur du ciel. C'était en 1872, lorsque je réussis, après plusieurs jours d'efforts, à franchir la paroi de glace qui s'étend entre le Mont Scerscen et le Piz Roseg.

Le lecteur sait où est situé le glacier de la Brenva et le trouvera facilement sur notre diagramme. De tous les glaciers c'est le plus rapproché de Courmayeur. Je n'en connais aucun de même longueur (6 kilomètres) qui soit aussi déchiré et où les chutes de glace soient aussi fréquentes.

Il descend presque en droite ligne au sud-est vers le confluent des deux Doires. La calotte du Mont Blanc le domine à son point d'origine. Sa partie moyenne ne peut être affrontée sans grand danger et, pour en atteindre les régions supérieures, il faut s'élever sur la rive gauche, le long des rochers de la Brenva qui font face au contrefort de Péteret.

Tout ce que nous avons dit sur les séracs, les déchirures de glaciers et les parcours de pentes de rochers recouvertes de neige s'applique à ce trajet. Il suffit de regarder le versant du Mont Blanc du côté de la Brenva pour se rendre compte des dangers de cette route.

On comprend qu'en présence de telles difficultés, les expéditions (il y en a eu trois en tout) se suivent mais ne se ressemblent pas. Le revêtement de glace se présente chaque année sous des formes différentes. Chaque chute de séracs amène des changements. Des crevasses s'ouvrent ou se referment. Leurs lèvres qui ne sont jamais au même niveau, se présentent plus ou moins écartées. Tantôt les aiguilles et les colonnes de glace penchent et menacent ruine, interdisant le passage, tantôt elles sont encore

d'aplomb et permettent d'approcher. La su
perficie du glacier et de ses abords varie autant
d'une année à l'autre que la surface de la mer
dans deux tempêtes différentes. Aussi personne ne peut-il prévoir si l'ascension sera
possible ou non. Par contre, on peut être certain d'avance que certaines parties du chemin, par lesquelles il faut absolument passer,
sont en toutes circonstances exposées aux
avalanches.

Un passage de ce genre se trouve à une
altitude relativement faible et aboutit au bassin supérieur du glacier, vers 3600 m. C'est
un couloir, étroite gorge de glace qui se termine dans le haut par une sorte d'entonnoir.
L'arête supérieure de ce cirque est couronnée
d'un hérissement de blocs de glace et chaque morceau qui tombe, de quelque côté qu'il
se détache, prend invariablement le chemin
du couloir. La seule précaution possible
consiste à aborder ce couloir aux premières
heures du jour.

Il s'agissait de bivouaquer le plus haut possible afin de nous rapprocher de ce redoutable passage. Il fallait en outre reconnaître
le terrain d'avance, parce que le trajet du
bivouac à la sortie du couloir devait s'effec-

tuer de nuit le lendemain matin. Nous trouvons heureusement une place propice, à 3190 m., sur des rochers appartenant au bassin supérieur du glacier de la Brenva et nous nous y installons entre une et deux heures de l'après-midi. Deux de mes hommes partent en reconnaissance pour chercher le passage à travers les crevasses et tailler des marches. Pendant ce temps je fais de la photographie.

Le 16 août, peu après 2 heures du matin, nous levons le camp et entreprenons, à la pâle clarté d'un croissant de lune, de passer de la rive gauche à la rive droite du glacier supérieur. La surface glaciaire étant particulièrement déchirée en cette année 1892, nous sommes obligés de faire un grand détour dans la direction du Mont Maudit pour atteindre, après trois heures de marche, le point où doit commencer l'ascension proprement dite.

Pendant la soirée et la nuit, les avalanches n'ont cessé de faire entendre leur tonnerre. Deux d'entre elles m'ont particulièrement effrayé en raison de leur puissance et de l'endroit où elles se sont produites. Nous touchons maintenant à la large traînée de blocs de glace qui repose immobile sur le sol, semblable à un torrent de lave durcie. Un bloc énorme qui, en raison de sa masse, a bondi plus loin que les autres, se dresse isolé, comme un avant-poste de l'ennemi. Nous faisons halte en cet endroit.

Je m'entretiens avec Rey, qui est encore une fois mon guide chef, de la direction à suivre et de la nécessité d'une marche rapide. Nous ne disons rien du danger, et mes hommes paraissent en bonne disposition. Mes propres appréhensions se sont évanouies sous l'influence de la marche et du beau temps. Le jour se lève en effet dans une pureté parfaite.

Le vaste versant du Mont Blanc qui regarde la Brenva se divise en trois ravins ou niches colossales. En allant de gauche à droite, le premier descend entre l'Aiguille Blanche de Péteret et le Mont Blanc de Courmayeur; le second est dominé par la Calotte; le troisième par le col de la Brenva. Notre couloir d'avalanches appartient à la fois au troisième sillon et au contrefort qui sépare le troisième du second.

En gravissant notre couloir nous atteindrons, à 3950 m., l'arête supérieure du susdit contrefort, lequel va se perdre dans les hautes régions du versant principal. La zone exposée aux avalanches se trouve entre 3700 et 3900 m. Nous sommes restés durant une heure exposés à ce danger de mort.

La superstitieuse assurance qu'il ne m'arriverait rien de funeste m'a soutenu pendant tout le temps que nous avons passé au milieu des débris d'avalanches. Ces débris étaient aussi frais que du marbre récemment brisé. Je me demandais en moi-même où est la limite entre la superstition et la confiance en Dieu ? Car nous attribuons à la seconde bien des sentiments inspirés uniquement par la première.

Avant d'atteindre la crête du contrefort, nous traversons une crevasse dont les lèvres sont largement écartées. De l'autre côté se trouve une paroi de glace dans laquelle Rey taille des marches; le deuxième guide le suit et agrandit les entailles ; je viens après. L'autre porteur est au-dessous de moi; c'est un petit homme, pesamment chargé.

Ce passage était difficile, surtout pour un homme de petite taille. Au moment où, dûment encordés et normalement espacés, nous nous trouvons; nous les trois premiers, exactement au-dessus de la crevasse, le porteur se met en devoir de nous suivre et me demande, car je suis le plus rapproché, de tenir solidement la corde. Il m'est caché par le bord du précipice et je ne puis suivre ses mouvements. Je tiens la corde d'une main ferme, les pieds posés sur deux marches. Les deux hommes au-dessus de moi prennent aussi la corde en main et la tendent en assurant leur équilibre.

Nous restons un certain temps dans cette posture, parce que le porteur ne réussit pas à monter. Tout à coup, je reçois une violente secousse et mes pieds sont arrachés des marches. Au-dessous de moi s'ouvre le précipice aboutissant au couloir d'avalanches. Une catastrophe est imminente! Je cherche à me retenir avec les mains, luttant contre le poids du malheureux porteur qui m'entraîne. Nous allions périr tous les quatre. Nous sommes tous sauvés grâce aux deux autres hommes qui demeurent inébranlables comme des statues.

Nous sortons rapidement de ce mauvais pas. Le porteur et moi regagnons les entailles, mais ma confiance en cet homme est ébranlée! Il affirme cependant que l'accident est dù à ce qu'une des marches s'est rompue sous lui.

Il fallait pourtant une victime ! Mon piolet m'a échappé et gît maintenant dans les profondeurs du glacier de la Brenva. En d'autres circonstances je l'aurais amèrement regretté, car il m'a accompagné depuis vingt-quatre ans dans toutes les grandes occasions. Mais la dose de superstition qui est en moi accepte la nécessité de ce sacrifice propiciatoire.

II

Nous sommes maintenant en sûreté sur l'arête et nous nous y reposons. La vue s'étend au loin entre l'Aiguille Verte et les Jorasses et l'on aperçoit le Cervin. A nos pieds, le glacier et, de l'autre côté, les rochers où nous avons passé la nuit. Le regard plonge également dans le val Véni, en sorte que les personnes qui étaient venues à la Cantine de la Guérison pour suivre notre ascension avec des lunettes purent alors nous apercevoir.

Soudain, pendant notre halte, un grondement de tonnerre se fait entendre. Une nouvelle avalanche se détache en face de nous des parois de l'entonnoir et se précipite sur les traces de la précédente le long du couloir. Pendant deux minutes, d'énormes masses grises bondissent dans les airs, se précipitent vers les profondeurs et nous étourdissent de leur fracas. Puis, un silence de mort ! Mon cœur palpite d'effroi, de recon-

naissance et de joie. Voir de ses yeux, entendre de ses oreilles, toucher presque de ses
mains ce qui eût pu causer votre mort, cela
vous saisit et vous remue singulièrement !
Cette avalanche, je me l'étais représentée dès
longtemps ! C'est elle qui, dans mes appréhensions, devait faire de la Brenva mon
tombeau. Une avance de quelques instants
avait suffi pour nous arracher à la mort.
Eussions-nous quitté le bivouac à trois heures
au lieu de deux, ou marché un peu moins
vite avant le jour, nous partagions le sort
de tous ceux qui ont succombé dans le massif du Mont Blanc.

En route maintenant pour un trajet de
deux heures à travers des pentes de névé,
des crevasses et des surfaces glacées ! Le
pied trouve rarement un point d'appui naturel ; constamment il faut tailler des marches,
et partout des précipices s'ouvrent à nos
pieds. Tel est le terrain sur lequel il me faut
marcher sans l'indispensable piolet. Je m'en
passe plus facilement lorsqu'il s'agit de monter tout droit que pour les traversées horizontales. Au début je ne croyais guère possible
d'achever une ascension si difficile dans des
conditions aussi défectueuses. Peu à peu ce-

pendant je m'accoutume à cette privation
inusitée, non sans avoir grand'peine à conserver mon équilibre.

Vers dix heures nous passons de la glace
sur le rocher, à 4240 m. d'altitude. Pendant
une heure nous n'aurons plus à tailler de
marches, mais les difficultés demeurent si
grandes que dans cet espace de temps nous
ne gagnons pas plus de 80 mètres, tandis
que l'an dernier, sur les rochers voisins du
glacier du Mont-Blanc, nous nous étions élevés de 200 mètres en une heure également.

La roche me paraît être de la protogine
pure, mais affectant une disposition analogue
à celle du granit. Bernhard Studer, l'émi-
nent géologue suisse, établit une distinction
tranchée entre cette roche et les formations
schisteuses qui dominent, à ce que je crois,
dans la région du Miage. D'après Studer,
la protogine se compose dans la règle de cinq
éléments : quartz, deux espèces de feldspath,
mica et talc. Lorsqu'il y a métamorphisme
se rapprochant du granit, le quartz prédo-
mine, et j'en ai trouvé de beaux cristaux
dans les rochers de notre bivouac. L'inverse se produit lorsque le métamorphisme
se dessine dans le sens du schiste.

Au moment où nous quittons les rochers, à 4320 m., nous entrons dans la plus mauvaise phase de l'expédition. Les difficultés antérieures et la réaction du danger se font sentir sur nous tous sans distinction, quoique sous des formes diverses. Cela n'aurait rien été si la route fût devenue plus facile, mais il n'en est rien. En outre nous commençons à redouter de ne pouvoir trouver une issue. Pour la première fois, nous ne savons plus de quel côté nous diriger. Partout des pentes roides où chaque marche exige soixante coups de piolet, où chaque pas prend soixante secondes. A 10 heures 45' nous étions à 4320 m. Une heure plus tard, j'inscris sur mon carnet les mots : Situation désespérée !

La difficulté provient surtout de la dureté de la glace et de ce que nous ne pouvons découvrir la bonne direction. Comme je n'ai pas à tailler les marches, et que nous ne faisons qu'un pas par minute, j'ai tout le loisir de me pénétrer de la gravité de notre position, dont je n'avais ressenti jusque là que le caractère grandiose. Une seule chose s'imposait, aller de l'avant, car rebrousser chemin c'eût été reprendre le chemin des avalanches... et de l'autre monde.

C'est aussi l'opinion de Rey ; chaque coup
de son piolet me le dit. A nous deux nous
avons à soutenir le moral de nos jeunes compagnons. A leur tenue, à leur mine, on peut
voir qu'ils ont perdu toute confiance, et avec
la confiance s'en va la force et la persévérance !

Les minutes sont longues comme des heures. La glace est blanche comme de la neige
et cependant dure comme de la glace. A
droite et à gauche, des couches bleuâtres de
névés étincelants ! Nulle part une issue !

Nous avançons avec une lenteur mortelle.
Tout à coup l'issue se présente. Cette minute
ne peut se comparer qu'à celle où le nau-
fragé voit poindre le bateau de sauvetage.
A 4440 m. d'altitude, après dix heures d'efforts, nous voyons la glace se changer en
neige sous nos pieds ; les masses de névé
s'écartent, et devant nous une pente unie,
sans crevasses, s'élève jusqu'au faîte du
massif. Voici le col de la Brenva, bien recon-
naissable, non loin de nous, sur la droite,
perpendiculairement à notre ligne de marche. Droit devant nous se montre le profil
du Mur de la Côte attenant au col. L'inclinaison du sol diminue et en une demi-heure

nous atteignons l'arête. Il est une heure et nous sommes à 4510 m., à l'endroit même où émerge la tête des Rochers Rouges. Nous pouvons enfin nous reposer.

Six points noirs se meuvent sous nos yeux. Ce sont des hommes portant les matériaux d'une cabane. Ils arrivent des Grands Mulets ; Rey et moi, nous allons au devant d'eux et reconnaissons le guide Frédéric Payot qui, l'année auparavant, conduisait les travaux du tunnel sous la direction de M. Imfeld. Il nous dit que M. Janssen fait établir un observatoire ici même, vis-à-vis de celui de M. Vallot. On verra donc deux bastions de la science se regardant comme le chat et la souris ! Lorsque je revins un an plus tard, également le 16 août, au même endroit, j'y trouvai un petit refuge, mais non un observatoire.

Passer de l'extrême danger à la sécurité complète et atteindre du même coup une crête d'où l'on contemple une nouvelle face du paysage, tout cela produit une impression profonde qui, suivant les dispositions physiques de chacun, se traduit par de l'abattement ou de l'enthousiasme. En outre je constate que la raréfaction de l'air ou bien exalte

ou bien détruit le sentiment du bien-être et
la joie de vivre.

L'un des jeunes guides est en proie au
mal de montagne, l'autre est totalement abat-
tu. Seul, Emile Rey demeure à l'état normal et continue à mériter toute ma confiance.

Par une température de 3° au-dessous de
zéro, nous nous reposons plus d'une heure
en vue de la Calotte qui se dresse droit devant nous. L'espace qui nous en sépare n'est
ni crevassé, ni revêtu de glace, mais assez
rapide pour mettre les poumons à une rude
épreuve. Dans la direction du sommet oriental se montrent deux îlots de rochers, le Petit Rocher Rouge (4580 m.) et les Petits Mulets 4690 m. Il n'y a pas d'autres rochers
dans cette région.

Nous nous dirigeons de ce côté. C'est le
chemin qu'ont fait Balmat et de Saussure.
Il ne présente ni difficulté ni danger ; mais
fatigués comme nous le sommes, nous avançons lentement. A trois heures après midi
j'arrive devant le tunnel, à douze mètres au-
dessous et à l'est du point culminant que je
ne tarde pas à atteindre. Il souffle un fort vent
d'ouest par 5° de froid. Aussi je retourne au

tunnel et me glisse dans l'intérieur de la Calotte par la basse et double porte de clôture.
Ici l'indispensable observation de l'hypsomètre peut se faire sans difficulté, car la
flamme de l'appareil brûle aussi paisiblement
que dans une chambre.

Du sommet même je prends quelques photographies avec l'appareil appelé « Key-Came-
ra » (Platinotype Company, London) dont je me
sers de préférence à tout autre. Il s'emploie
sans pied et donne des épreuves de la dimension de 11 × 8. C'est aussi avec cet appareil que
j'ai pris les vues des deux versants du Mont
Blanc par où se sont effectuées mes deux dernières ascensions, à savoir le versant du Miage
pris du voisinage de l'Aiguille de Tré-la-Tête,
et l'autre versant vu de notre bivouac de la
Brenva. Ces clichés ont été utilisés en partie
pour les héliogravures ci-jointes.

M. Janssen a établi récemment un édicule
de bois sur la partie orientale du sommet,
dans le but, dit-on, de se rendre compte des
mouvements du sol neigeux. Que des mouvements se produisent, cela est hors de
doute. En effet, d'une part, le sommet a conservé, depuis les temps historiques, la
même altitude. D'autre part, il reçoit chaque

année une forte couche de neige qui n'est que partiellement diminuée par le vent et l'évaporation. La neige doit donc subir un écoulement, et si l'édicule ne s'incline pas, cela prouvera uniquement que l'écoulement se produit uniformément de tous les côtés. En tout cas, il doit y avoir un affaissement.

C'était la troisième fois que je me trouvais au sommet du Mont Blanc. J'avais toujours eu un temps favorable, mais jamais aussi beau que maintenant. De tous côtés l'atmosphère est pure, tandis qu'habituellement, même par les jours clairs, des paquets de nuages soulevés par les courants d'air se rassemblent au midi. Après deux heures passées au sommet, nous commençons la descente, vers 5 heures après midi, le long de l'arête des Bosses du Dromadaire.

M. Vallot se trouvait alors à son observatoire ; j'eus l'honneur d'être admis dans sa propre habitation. Cette hospitalité exceptionnelle n'est accordée qu'aux personnes qui poursuivent un but scientifique. Les simples touristes ont à leur disposition le nouveau refuge bâti sur l'autre rocher[1].

[1] On trouvera à la fin du volume une notice de M. Vallot sur l'état actuel de ses constructions.

Le lendemain matin, après avoir examiné et abandonné l'éventualité de la descente par l'Ancien Passage ou par le Corridor, routes trop exposées aux chutes de glace, nous nous dirigeons vers le Dôme et l'Aiguille du Goûter (3843 m.). C'est un trajet d'une heure et quart à travers d'étincelants champs de névés, avec une vue magnifique de droite et de gauche.

Il fait chaud, l'air est calme, un rayonnement de joie se dégage de la nature. Et cependant, en ce même endroit, dix jours plus tard, trois hommes s'égareront dans le brouillard et seront obligés de passer la nuit sur place. Les deux guides auront la vie sauve, mais le touriste qu'ils accompagnent, le professeur Nettleship, succombera de froid et d'épuisement.

Immédiatement au-dessous de l'Aiguille du Goûter commence le versant oriental, vaste paroi de rocher d'une hauteur verticale d'environ cinq cents mètres, dont le parcours est rendu difficile par l'état de délitement des roches qui la composent. Nous nous y engageons néanmoins et atteignons le glacier des Têtes Rousses qui donna naissance à la catastrophe de Saint-Gervais.

Cinq semaines auparavant, dans la nuit du 11 au 12 juillet 1892, un torrent d'eau et de boue est parti de là, détruisant plusieurs villages et surprenant des centaines de personnes dans leur sommeil. Beaucoup d'entre les victimes paraissent avoir échappé aux affres de la mort, car leurs cadavres avaient conservé l'expression d'un paisible repos.

Afin de me rendre compte des causes de la catastrophe, j'en examine le point de départ. C'est un système de plusieurs petits glaciers formés par les couloirs de neige qui descendent de l'Aiguille du Goûter. Leur faible masse ne leur permet pas d'atteindre le glacier de Bionnassay dont ils seraient sans cela des affluents naturels. A 3300 m. environ, l'inclinaison du rocher diminue et c'est sur ce léger replat que reposent les petits glaciers.

Celui du milieu présente, cinq semaines après la catastrophe, à l'altitude de 3220 m., une poche en forme de cratère elliptique de 275 pas de circonférence. A l'extrémité inférieure du grand axe, lequel est dirigé vers le sud-ouest, la paroi de glace du cratère a une hauteur de 25 m. A cet endroit, c'est-à-dire au pied de cette paroi, se trouve sur le sol même, l'orifice par où s'est effectué l'écoulement de l'eau que renfermait la poche. Les parois du cratère montrent sur leur tranche des couches horizontales de glace de cinq mètres d'épaisseur en moyenne. On peut donc supposer que cette poche était recouverte d'un toit de glace. Le toit s'est effondré et, en s'écroulant, il a déterminé la catastrophe.

Le fond du cratère est couvert de gros débris de glace. Le canal de sortie, en forme de voûte, pénètre dans les cavités inaccessibles du glacier ; il se dirige vers le petit glacier voisin de droite et établit, chose remarquable, une communication entre les deux. Au bord du second se trouve, environ 40 m. plus bas, une paroi de glace où s'est produite une deuxième rupture. Ce fut le point de départ de la dévastation, elle commença à l'altitude de 3175 m. alors que les Bains de St-Gervais se trouvent à 630 m.

Les blocs de glace détachés et l'écoulement des eaux de fusion amassées et refoulées ont été l'origine de la catastrophe. Entraînant ensuite sur leur passage des éboulis, de la terre, des arbres, des maisons même, ils formèrent un torrent d'une incal-

culable puissance. Mais cette masse dévas-
tatrice n'a eu aucun contact avec le glacier
de Bionnassay dont elle s'est bornée à ronger
la moraine latérale de droite. Elle a ravagé
le village de Bionnay, les bains de Saint-
Gervais et la localité du Fayet à l'embou-
chure du Bon-Nant dans l'Arve. En revanche,
les villages de Bionnassay et de Saint-Gervais n'ont pas été atteints.

J'ai traversé le théâtre de la catastrophe
dans toute son étendue et l'aspect des habitations détruites ne pouvait se comparer qu'à
celui d'un champ de bataille.

PREMIÈRE ASCENSION
DU MONT BLANC
PAR L'AIGUILLE BLANCHE DE PÉTERET

I

De Saint-Gervais je me rendis à Chamonix, et de là à Courmayeur par le Montanvert et le col du Géant. Ainsi se termina cette expédition de cinq jours, exceptionnellement fertile en souvenirs et en impressions de toute nature. La profusion des richesses conduit facilement au désordre. Après de très grandes fatigues et une longue dépense de force, on est enclin à se complaire dans la copieuse moisson de ses souvenirs, sans chercher à y mettre de l'ordre. Si l'on n'avait pas le secours du carnet de notes, silencieux et méthodique enregistreur des choses vues, on arriverait difficilement à rédiger une description.

Cette troisième expédition au Mont Blanc

et la traversée, nouvelle en son genre, que j'avais accomplie, m'avaient fait faire connaissance avec deux des chemins d'accès. J'en connaissais donc cinq en tout. Mais cela ne fit que me mettre en appétit. Je fus pris de cette fièvre que ressent le collectionneur lorsqu'une pièce rare manque encore à sa collection. Il me fallait une ascension accomplie par une route extraordinaire et nouvelle.

J'entrepris donc, en 1893, la quatrième ascension, dont il va être question. Le 9 août au soir, j'arrivai à Courmayeur, par le Gothard et Aoste, et je fus accueilli par mes guides E. Rey et Chr. Klucker.

C'est une belle chose que certaines illusions, par exemple celle qu'il y a intimité entre la nature inanimée et nous. J'éprouve aujourd'hui cette illusion à l'égard du Mont Blanc ; j'ai une confiance enfantine en lui et ne le crains point, bien que je connaisse sa puissance et sache parfaitement qu'il peut brusquement couper le fil de mon existence. C'est pour cela que toujours je m'en suis approché avec respect et n'ai jamais considéré comme un dû le plaisir qu'il m'a procuré, j'en ai toujours rapporté de la reconnaissance et de l'enthousiasme, et me suis loyalement efforcé de proclamer sa gloire.

Nos projets exigeaient absolument une série de quatre jours de temps clair et relativement chaud. Je me serais volontiers mis en route immédiatement, mais je n'avais derrière moi, pour tout entraînement, qu'un voyage de quelques semaines sur mer puis en chemin de fer. Or l'on sait que les guides eux-mêmes se ressentent plus fortement de la fatigue et de la raréfaction de l'air, lorsqu'ils recommencent leurs campagnes à la suite du repos de l'hiver. Il me fallait donc faire une course préparatoire pour rentrer en pleine possession de mes forces, et je me décidai pour l'ascension de l'Aiguille Noire de Péteret (3780 m.). A Courmayeur, on me trouvait inconsidéré de vouloir, immédiatement après un long voyage, tenter une entreprise réputée aussi difficile.

Je partis néanmoins le lendemain de mon arrivée. Nous bivouaquâmes sur les rochers appelés Fauteuil des Allemands et gravîmes les parois entièrement dégarnies de neige de l'Aiguille Noire. Au retour, j'étais fatigué, il est vrai, mais très suffisamment entraîné pour ma nouvelle campagne.

A l'exception de deux passages, nous avions accompli la grimpée sans le secours de la corde. Cela nous épargna beaucoup de temps et nous fut une meilleure préparation. Ce fut en outre la démonstration d'une théorie suivant laquelle on peut, en pratiquant chaque jour la gymnastique de chambre, s'entraîner sans sortir de chez soi, en vue de grandes ascensions. La méthode excellente du Dr Schreber m'avait servi de guide, et j'y avais ajouté certains exercices destinés à fortifier les poumons, les articulations du genou et le haut de la cuisse.

J'ai déjà esquissé la topographie du Mont Blanc. La courte récapitulation qui va suivre a été écrite sous l'impression immédiate de l'expédition de 1893 ; et avec le désir de la rendre plus attrayante.

Sous la blanche calotte du Mont Blanc qui ressemble à un tumulus recouvert de neige s'amorcent plusieurs ramifications. Elles s'écartent les unes des autres dans trois directions : vers le Dôme du Goûter au nord-ouest ; vers le Mont Maudit au nord-nord-est ; enfin vers le Mont Blanc de Courmayeur au sud. Les deux ramifications qui portent le Dôme et le Mont Maudit se dirigent vers la vallée de Chamonix. Entre elles deux se creuse un bassin fortement modelé, dans ses régions moyenne et inférieure, par des arêtes secondaires, des vallées de glace et des cours d'eau, mais ne présentant plus, dans sa partie supérieure, qu'un seul cirque de névés éblouissants. Au fond de ce cirque est le Grand Plateau sur lequel il faut s'être trouvé au matin d'un beau jour pour se faire une idée de la majestueuse beauté du Mont Blanc. Mais autant sont splendides les paysages de neige qu'enserrent le Dôme du Goûter et le Mont Maudit, autant inspirent d'horreur et d'effroi les rochers et les glaces qui se rattachent à l'arête entre la Calotte et le Mont Blanc de Courmayeur. Or c'est dans cette région que je grimpai trois jours durant, en passant deux nuits sur des rocs inhospitaliers.

Du Mont Blanc de Courmayeur part la chaîne de Péteret, que l'on désigne plus volontiers sous le nom de Contrefort à cause de la rapidité de sa chute. A partir du sommet jusqu'au fond du Val Véni elle n'a que cinq kilomètres et demi de long, abstraction faite des dentelures et, sur cette faible lon-

gueur, elle s'abaisse de près de trois mille
mètres. La crête en est accidentée d'élégan-
tes aiguilles d'un accès difficile ; ce sont
l'Aiguille Blanche (4109 m.), l'Aiguille Noire
(3780 m.) et entre elles le double créneau
appelé les Dames Anglaises.

Ce contrefort de Péteret possède un frère
jumeau à l'ouest, issu du même point de départ, moins élégant, mais également rapide :
c'est le Mont Brouillard. Il se termine à
quelques kilomètres en amont de la base
de Péteret et son pied se trouve embrassé
par le glacier de Miage qui est venu bar-
rer le val Véni de ses anciennes moraines.

Il y a donc une certaine analogie entre les
deux faces du Mont Blanc. Le sommet donne
naissance, sur la face nord ou savoisienne,
à deux ramifications allongées ; sur le versant sud ou piémontais, à deux contreforts
rapides mais puissants. Ces quatre lignes
orographiques se montrent dans notre diagramme sous l'apparence d'une pince à
demi ouverte. En outre tandis que, du côté
de Chamonix, on trouve une vallée de neige
partant du pied de la Calotte et se divisant
en deux glaciers, on rencontre aussi, sur le

versant italien, une disposition analogue, bien que d'un aspect tout différent.

Au lieu des blanches parois de la Calotte avec leurs tranches menaçantes de glace bleuâtre, nous trouvons ici une muraille de rochers brunâtres sur laquelle la neige ne se pose qu'en petite quantité et comme une étrangère en passage. On ne rencontre des névés qu'à 700 m. au-dessous du sommet. Là se trouve le Plateau du Fresnay, beaucoup plus restreint et plus incliné que le Grand Plateau du versant nord. Mais, en dépit de ces contrastes apparents, on peut relever encore d'autres analogies dans la charpente de la montagne. Près du Grand Plateau prend naissance une arête qui partage le grand bassin septentrional du Mont Blanc, dans le sens de la longueur, en deux lits de glaciers, ceux des Bossons et de Taconnaz. De même, dans le voisinage du Plateau du Fresnay, une arête nommée le Châtelet se détache de la muraille supérieure du Mont Blanc. Cette arête partage en deux vallées, dans le sens de la longueur, le cirque de rochers abrupts qui a pour enceinte Péteret et le Mont Brouillard. Dans ces vallées, la glace descend et se précipite en chutes plus sauvages encore que celles du glacier de la Brenva. Le courant occidental se nomme glacier du Brouillard ; le courant oriental est le glacier du Fresnay.

Dans mes descriptions antérieures j'ai caractérisé ces deux glaciers comme appartenant à la courbure du massif. La configuration générale du massif lui-même a été assimilée à celle d'un fer à cheval, dont la partie intérieure serait une vallée inclinée et ouverte dans la direction du bas. Cette vallée renferme les deux grands glaciers qui s'écoulent vers Chamonix, tandis que la partie antérieure de la courbure donne naissance extérieurement à deux éperons qui sont le contrefort de Péteret et le Mont Brouillard. Au sommet de la courbure se dresse la Calotte. En se plaçant à Chamonix, la branche de droite du fer à cheval est formée, dans sa partie supérieure, par l'arête du Dôme du Goûter. La branche de gauche porte le Mont Maudit, les cimes de moins en moins élevées de Tacul et de l'Aiguille du Midi, puis un grand nombre d'autres aiguilles. Enfin les ramifications extérieures, en se combinant avec les deux branches, donnent naissance à quatre vallées qui confinent l'une à l'autre et servent de lit aux quatre glaciers suivants : à l'est, le glacier du Géant (Savoie) et celui de la Brenva (Piémont) ; à l'ouest le glacier de Bionnassay (Savoie) et celui de Miage (Piémont).

On est conduit par là à distinguer, dans le massif du Mont Blanc, des glaciers intérieurs et des glaciers extérieurs ; et parmi ces derniers il faut encore faire une distinction entre ceux dont le lit fait partie intégrante des parois extérieures du massif et ceux qui touchent par un côté seulement à ces parois. Ceux qui appartiennent en propre au fer à cheval sont les plus fortement inclinés. Dans leur nombre il faut compter, outre les glaciers déjà mentionnés du Fresnay et du Brouillard, les affluents de droite du glacier de la Brenva et les affluents de gauche du glacier de Miage.

Mes précédentes ascensions m'avait fait faire connaissance avec cinq routes du Mont Blanc : l'une allant par le bassin intérieur au Grand Plateau et de là par les Bosses du Dromadaire ; la seconde conduisant par l'Aiguille et le Dôme du Goûter, c'est-à-dire par l'arête de la branche de droite du fer à cheval ; la troisième passant par le glacier latéral du Dôme, dans la région de Miage ; la quatrième par le glacier et les Rochers du Mont Blanc, également dans la région du Miage ; la cinquième enfin partant du haut du glacier de la Brenva et montant par la paroi extérieure de gauche, directement vers le bord supérieur du fer à cheval qu'elle atteint à 4510 m., au-dessus du Mur de la Côte.

De toutes mes expéditions antérieures, cette dernière avait été à la fois la plus longue et la plus dangereuse. On n'a pas oublié sans doute la description des difficultés exceptionnelles de cette ascension. Je me souviens surtout de l'intérêt qu'elle a présenté et des profondes impressions qu'elle m'a laissées.

II

La devise de l'alpiniste doit être : Hardiesse dans la conception, prudence dans l'exécution ! Notre ascension du Mont Blanc par l'Aiguille Blanche de Péteret s'est conformée à ce précepte.

Certaines montagnes passent pour inaccessibles. Aucune plus que l'Aiguille Blanche ! La première tentative eut lieu en 1882. Le voyageur et son guide furent précipités du haut du versant qui regarde Fresnay. Deux hommes seulement pour une telle expédition ! Ce fut là peut-être la seule cause de la catastrophe.

Tout accident appelle en général une nouvelle tentative. Il s'écoula cependant trois ans. Puis Sir H. Seymour King vint à Courmayeur avec deux guides suisses pour essayer l'ascension de l'Aiguille Blanche. L'expédition ne s'organisa qu'après avoir obtenu le concours d'Emile Rey. On monta, comme lors de la première tentative, en partant du glacier du Fresnay. C'était en 1885 ; depuis lors la cime n'a pas été atteinte une seconde fois.

On a essayé aussi de gravir l'Aiguille Blanche par son autre face, soit en partant du glacier de la Brenva. Des pierres entassées et des restes de bois sec marquent encore aujourd'hui le bivouac de cette expédition infructueuse. Le plan que j'élaborai de concert avec E. Rey nous conduisait par cette voie. Ce projet était assez difficile pour nous suffire à lui seul. Notre ambition ne sut pas s'en contenter et demanda davantage. De cette pointe, sur laquelle nous parvenions déjà en pensée, nous voulions pousser plus avant dans les sauvages domaines de la haute montagne. La redoutable Aiguille Blanche, ne serait pour nous qu'une simple étape pour atteindre le sommet du Mont Blanc.

La caravane se mit en marche le 14 août à 4 h. du matin. Elle se composait de sept personnes, dont deux guides et quatre porteurs. Trois d'entre ces derniers devaient nous quitter après le premier bivouac. Obtenir leur concours seulement jusque là avait déjà été chose difficile. Ils redoutaient de franchir le glacier de la Brenva à l'une des plus mauvaises places et de passer la nuit sur les flancs de cette Aiguille Blanche de détestable réputation.

Par le même chemin que l'année auparavant, nous atteignons le glacier de la Brenva qui part du Mont Maudit et dont le côté droit s'appuie contre le flanc oriental du Mont Blanc. Encore une fois nous nous élevons le long des herbages et des éboulis du Mont de la Brenva, et traversons quelques-uns de ses couloirs de rochers, jusqu'au moment où nous atteignons le glacier et laissons à droite le chemin parcouru l'an dernier.

Dans la pleine clarté d'un jour absolument pur, la chaîne qui paraît s'élever jusqu'au Mont Blanc de Courmayeur se dresse devant nous de l'autre côté du torrent de glace. A partir du même sommet, la ligne de faîte se profile en perspective vers la droite, montrant les contours arrondis de la Calotte et du Mont Maudit et couronnant les parois de rochers et les cataractes de névés qui nous opposèrent une si rude résistance. Je ne puis me lasser de contempler le riche et superbe modelé de ce versant coupé de ra-

Mont Blanc de Courmayeur — Mont Blanc — Mont Maudit.

Vue C. prise du Mont de la Brenva à 3190 m.

vines et hérissé de contreforts. Mais quel contraste l'autre ligne de profil, celle de gauche, fait avec la précédente! Voici en effet la sauvage arête de Péteret! Elle s'abaisse de 750 m. à partir du Mont Blanc de Courmayeur en roides pentes de rochers, puis forme à 4000 m. d'altitude un coquet petit col neigeux d'où la ligne s'élance de nouveau pour remonter à l'Aiguille Blanche.

J'ai déjà dit avec quelle rapidité le profil s'abaisse à partir de ce sommet vers le fond du val Véni, en passant par les Dames Anglaises et l'Aiguille Noire. Le petit col de neige n'a pas de nom; je l'appellerai *Haut Col de Péteret*. L'Aiguille Blanche se dresse donc entre lui et les Dames Anglaises. Nous avons devant nous la face de cette aiguille qui regarde la Brenva. C'est une paroi vierge, formée de massifs rocheux plus ou moins proéminents, avec des taches de neige et des couloirs cuirassés de verglas que parcourent des volées de cailloux. C'est par là que doit s'effectuer notre ascension, puis du sommet nous descendrons par l'arête sur le col, pour remonter ensuite au sommet italien et atteindre enfin le sommet français, soit la calotte du Mont Blanc.

Pour le moment il s'agit de traverser le glacier. Non pas un glacier ordinaire, mais celui de la Brenva ! véritable labyrinthe de crevasses. La partie moyenne est particulièrement mauvaise et c'est là qu'il nous faut passer, autrement nous ne pourrions atteindre la base de l'Aiguille.

Les guides, même les plus experts, ne peuvent dire d'avance si une telle traversée sera possible ou non car l'orientation manque totalement. Rey passe le premier; j'occupe la seconde place le long de la corde; le guide Klucker me suit. Les porteurs forment une autre cordée.

Nous attaquons le glacier à l'altitude de 2550 m. pour le traverser non pas perpendiculairement à sa longueur mais de biais, en montant, de sorte que nous atteindrons l'autre rive vers 2750 m. Détours compris, nous avons deux mille mètres à faire sur la glace, souvent plongeant au fond des crevasses, parfois menacés par des masses surplombantes. Cela nous prend deux heures et demie, tandis que nous avions compté en mettre quatre ou cinq.

A mi-chemin, les difficultés sont moindres. Plus tard elles s'aggravent tellement qu'un homme seul, même très habile, pourrait à peine avancer. Je passe sur les détails. Le plus difficile ce n'est pas la traversée des arêtes entre les crevasses, ce sont les parois de glace, parfois verticales, parfois même surplombantes. En approchant de la rive droite le danger s'accroît par l'éventualité des chutes de glace. La masse glaciaire est absolument démantelée. Elle se résout en formations non pas simples mais fantastiques, comme les faisceaux de colonnes qui, dans les admirables cathédrales gothiques, émergent de murs pleins construits en style roman.

Vers deux heures après midi nous atteignons la rive droite, au pied de l'Aiguille Blanche, à peu près à l'endroit où cette rive du glacier principal s'infléchit vers la droite autour de la base des Dames Anglaises et de l'Aiguille Noire. A partir du bas de la courte ravine que nous atteignons, nous allons monter en écharpe le long des flancs de notre Aiguille, ayant l'épaule gauche contre la montagne et la droite tournée vers le glacier de la Brenva. Nous nous dirigerons ainsi vers l'autre ravine située entre l'Aiguille Blanche et le Mont Blanc de Courmayeur. On manque de vue d'ensemble sur une montagne que l'on gravit. Mais les explorations systématiques ont l'avantage d'apporter leur contribution aux expéditions individuelles et d'aboutir à un ensemble de connaissances, par l'apport du travail de chacun. L'année précédente, de notre bivouac de la Brenva situé vis-à-vis, j'avais photographié la chaîne qui va de l'Aiguille Noire au Mont Maudit. A l'aide de mes notes manuscrites, des détails de la photographie et de mes souvenirs personnels j'aurais pu décrire l'ascension et la représenter sur le papier avec une parfaite exactitude.

Je ne sais lequel est le plus difficile, de décrire ou de grimper. Le piolet est parfois d'un maniement plus aisé que la plume. Dans les deux cas la crainte d'échouer est la même.

En quittant le glacier nous nous élevons d'abord quelque peu sur des séracs, des rochers couverts de verglas et des débris d'avalanches, pour rencontrer enfin de bons rochers vers 2800 m. Peu après nous atteignons la place de l'ancien bivouac (2860 m.) et emportons avec nous tout ce qui reste de branches sèches de mélèze.

Nous bivouaquerons plus haut. Ce dernier trajet offrit quelque danger. Je trouve dans mes notes ces mots laconiques : « D'abord facile, puis mauvais ; à 4 h. 20, hors de danger (3040 m.) ». Ce fut d'abord un couloir de glace à traverser, puis des rochers peu praticables et d'imminentes chutes de pierres et de séracs. C'est, sans doute, à cause de ces difficultés que nos devanciers avaient bivouaqué au-dessous de ces passages.

Devant nous se dresse une arête rocheuse. Elle naît, là-haut, au milieu d'un champ de glace qu'elle partage en deux. Nous venons de traverser l'une de ces deux bandes de glace ; la seconde sera pour demain. Pour le moment il s'agit de gravir les flancs de l'arête. Quelques rochers proéminents qui se détachent sur le ciel en un vigoureux profil, nous promettent un asile et deviennent notre point de direction. Vers cinq heures et demie nous atteignons la place à occuper jusqu'à l'aube prochaine. Elle se trouve à 3200 m. et cette altitude est déjà une garantie de succès.

Celui des porteurs qui s'était engagé à continuer avec nous, annonce maintenant qu'il s'en retournera avec les trois autres.

Ceux-ci l'ont découragé. Cependant tout s'arrange. Cet homme revient à la raison, et pendant toute l'expédition il s'est montré courageux et habile comme il convient à un porteur qui se nomme *César* Ollier.

Le sol n'est guère propice pour un bivouac. Il en est souvent ainsi sur les arêtes où le gel émiette les rochers dont les débris restent sur place. Mes hommes s'occupent à enlever les pierres pour me préparer une couche. Ils le font avec d'autant plus d'adresse et de zèle que je ne m'occupe jamais des détails d'aménagement. Dès que la marche cesse, Rey se transforme en quartier-maître, en valet de chambre et en cuisinier.

J'ai observé qu'en tous pays, dans les voyages d'exploration, on est d'autant mieux servi qu'on se sert moins soi-même. Cette méthode contribue au confort que le voyageur, celui surtout qui veut faire des observations et travailler, ne doit jamais dédaigner. Il peut être question de confort même dans les lieux sauvages, et l'on aurait tort d'en méconnaître l'importance, car il contribue à la santé du corps et de l'esprit, et par là à la capacité de travail. Dans de semblables expéditions la force de résistance doit être entretenue aussi grande que possible. Il ne faut pas chercher à s'endurcir, mais l'éviter au contraire. C'est pendant la période des préparatifs qu'il convient de s'aguerrir. On cherche à mettre le soldat dans les meilleures conditions pour entrer en guerre; on le nourrit aussi bien que possible; on ne bivouaque que lorsque cela est indispensable. Or qu'est-ce qu'explorer sinon se battre, bien qu'avec des adversaires d'une autre nature.

Tant qu'il fait jour, un bivouac dans la haute montagne a un grand charme, à condition toutefois qu'on ne se trouve pas sur une étroite saillie entourée de parois de rochers et de précipices, car alors le bivouac est une cage ouverte; on peut le quitter, mais non s'y mouvoir.

Pendant que le feu se prépare et que mes gens fondent de la neige pour faire la soupe, je contemple le paysage toujours intéressant à étudier, je cherche la route à suivre et je note mes impressions qui se rattachent parfois à des sujets entièrement étrangers à la montagne. Après la grimpée, l'esprit est en mouvement, le regard devient investigateur;

on détaille le paysage ; on découvre en outre des rapprochements originaux entre des choses fort éloignées les unes des autres soit dans le temps, soit dans l'espace.

Mais bientôt tout se transforme : le jour en nuit, la chaleur relative en froid absolu, le calme de l'air en brise froide qui transperce parfois les couvertures et vous pénètre jusqu'aux moëlles. Passons aux jouissances de la couchée ! Pas de sommeil ; seulement la longue et anxieuse attente de l'heure lointaine où les premières clartés viendront dissiper l'engourdissement nocturne du corps et de l'esprit.

Toute la journée le temps avait été d'une pureté parfaite et la vue était entièrement dégagée. Les riches colorations du soir viennent adoucir en passant l'uniforme austérité de cette région de la Brenva. A nos pieds, le glacier semble se terminer dans les airs. Dès l'endroit de sa chute la plus forte, il nous devient invisible quant à sa partie inférieure. Au delà de cette ligne très nette, voici les maisons et les champs du village d'Entrèves, et quelques parties boisées du val Ferret. Dans l'axe de cette vallée, mais bien au delà, voici l'imposant Grand Combin, remarquable par la beauté de ses formes autant que par sa situation.

D'entre les sommités du Valais, le Mont Rose seul se remarque. C'est une chaîne plutôt qu'un sommet isolé. Il nous apparaît dans toute sa largeur à soixante-dix kilomètres de distance. Son brillant voisin, le Lyskamm, se projetant sur lui, s'en distingue à peine. Le Cervin, la Dent Blanche et le Weisshorn sont singulièrement rabaissés par leur éloignement de soixante kilomètres et davantage. D'autant plus vigoureux en revanche s'accuse le relief des régions plus voisines, le col du Géant, et au delà, l'Aiguille du Géant avec les Jorasses. Il n'est pas facile de suivre de l'œil la grande arête culminante qui va du col au Mont Maudit. Elle est parallèle au regard, en sorte que les deux massifs rocheux qui se projettent l'un sur l'autre se confondent en un seul, bien qu'ils soient séparés par un large bassin de névé tributaire du glacier du Géant.

A la nuit les porteurs se tapissent entre des blocs. Je m'enveloppe de deux couvertures en me cachant le visage à cause du rayonnement, puis j'attends avec patience l'arrivée du 15 août.

A quatre heures et demie nous nous remettons en marche.

L'ascension se divise en deux parties: une région dangereuse, de 3212 à 3713 m.; la suivante, simplement difficile, qui aboutit au sommet, c'est-à-dire à 4109 m. La première demanda trois heures pour gravir 500 m. La région supérieure exigea le même temps pour 400 mètres seulement. Entre les deux, nous prenons une demi-heure de repos. En déduisant toutes les haltes, nous nous sommes élevés de 185 m. par heure dans la première zone, et de 165 m. dans la seconde. En comparant ces chiffres avec mes données antérieures on pourra en déduire une appréciation des difficultés de la route.

Comme ce trajet se faisait pour la première fois, nous hésitons un peu quant à la direction à suivre. Le danger, plus que la difficulté, nous arrête même une fois pour une courte délibération; mais nous sommes bientôt d'accord; c'est toujours la même question : par où serons-nous le moins exposés aux pierres ? Ce flanc de montagne est un modèle, en grandeur naturelle, de la configuration la plus propice aux avalanches de glace et de cailloux. Dans une traversée montante comme celle-ci, on a constamment à franchir des couloirs le long desquels se précipitent sans cesse des débris de toute nature, rassemblés dans le haut par des cirques en forme d'entonnoir. Ces ravines, souvent remplies de glace dure, ne peuvent être traversées qu'à pas lents. Une pierre vient-elle à se précipiter d'en haut, l'on ne peut s'écarter, parce qu'il faut rester dans les marches taillées. Les pierres n'arrivent pas toujours en masse; elles bondissent parfois isolées. Un simple petit caillou peut tuer un homme! C'est ce qui arriva douze jours plus tard à M. Poggi, sur les flancs de l'Aiguille Noire.

Tour à tour gravissant des arêtes secondaires, traversant de petits champs de glace, montant sur le bord d'un couloir, avec la glace à gauche et le rocher à droite, jamais à l'abri du danger, nous atteignons par la droite, à 3540 m., une nouvelle ravine de glace large de trente pas. C'est ici le point le plus exposé, et voici justement une pierre qui bondit en sifflant. Sans hésiter, Rey se se détache de la corde et commence à tailler des marches. Comme il ne peut détourner les yeux de sa besogne, Klucker est chargé de surveiller attentivement le haut du couloir. S'il voit descendre quelque pierre, il criera et Rey se réfugiera vers nous le long des marches déjà taillées.

Il atteint heureusement l'autre bord et le plus mauvais est fait; puis nous traversons un à un, relativement vite. Encore une grimpée de rochers et nous nous reposons un peu à 3710 m., soit à 400 m. au-dessous du sommet.

Nous sommes maintenant en sûreté sur une forte arête qui domine le flanc droit du ravin, située entre l'Aiguille Blanche et le Mont Blanc de Courmayeur. Cette arête s'élève dans la direction de notre sommet qui se montre maintenant sous la forme d'une belle pyramide de neige. Le rocher sur lequel elle repose a, du côté de la Brenva, l'aspect d'un bastion élancé dont la base est située au-dessus de nous. Il donne naissance à l'arête sur laquelle nous sommes. Celle-ci est couverte tantôt de glace, tantôt de névés ou de neige. Nous la suivons pendant une heure et quart, jusqu'à l'altitude de 3900 m.

L'arête de neige finit là et nous grimpons

dans les rochers du bastion jusqu'à la base de la belle pyramide terminale. A partir de là il faut encore tailler cent marches dans la glace et trente dans la neige durcie. Un peu avant onze heures nous foulons le sommet de l'Aiguille Blanche de Péteret. Une grande partie de notre ascension, surtout la fin, a pu être suivie à la lunette, de la Cantine de la Guérison, située à 200 m. au-dessus de Courmayeur.

La blanche et brillante pyramide est formée de quatre arêtes dont deux se relient à la ligne de faîte du contrefort de Péteret. Grâce à cette pyramide, l'Aiguille Blanche ressemble à la cape neigeuse du Mont Scerscen en Engadine, ou à la Wellen-Kuppe près de Zermatt.

III

Nous sommes dans une région caractérisée par des arêtes vives et d'énormes parois
de rochers. Nous avons à nos pieds des glaciers déchirés, mais dans la hauteur on n'aperçoit aucun grand champ de neige. C'est une
nouvelle phase de notre expédition, dont le
but est maintenant assez rapproché de nous
dans l'espace, mais fort éloigné quant au
temps nécessaire pour l'atteindre. En ligne
droite, le Mont Blanc de Courmayeur n'est
qu'à un kilomètre et demi, et à moins de trois
kilomètres sur le sol. Nous mettrons néanmoins vingt-six heures pour y arriver d'ici,
bien que le temps soit exceptionnellement
favorable et les ascensionnistes tous en parfaite santé.

Après dix minutes passées au sommet, nous
redescendons sur les rochers, vingt mètres
plus bas, au pied de la pyramide de neige,
pour nous reposer et jouir du caractère grandiose de la situation.

Délicate et hardie, la ligne de séparation des bassins de la Brenva et du Fresnay s'abaisse vers le Haut Col de Péteret qui marque le point le plus bas de l'arête entre l'Aiguille Blanche et le Mont Blanc. Nous suivons cette ligne jusqu'à l'endroit où se dressent deux rochers qu'il faut contourner du côté de la Brenva en traversant des pentes très roides. En reprenant l'arête, on voit de nouveau, à gauche, dans leur partie supérieure, les deux glaciers voisins du Fresnay et du Brouillard. Il est facile alors de constater que le plus court chemin pour aller du val Véni au Mont Blanc passe par le glacier du Brouillard.

Personne n'a encore réussi à suivre ce chemin jusqu'au bout ; on n'est pas parvenu à gravir les rochers qui dominent le glacier. Les deux seules tentatives d'ascension du Mont Blanc qui aient été faites en partant du glacier du Brouillard, à savoir celle de MM. J. Eccles, en 1877, et G. Gruber, en 1880, ont dû rebrousser chemin par un mauvais passage sur le col et les névés du Fresnay. Je crois devoir ajouter que nous vîmes, le lendemain matin, une effroyable avalanche de pierres s'abattre à cet endroit.

La contemplation de cette région, point

de départ des arêtes de Péteret et du Brouillard, m'intéresse au plus haut degré. Jamais encore je ne me suis trouvé aussi près de la courbure extérieure du fer à cheval. Cette dernière lacune dans ma connaissance de la grande montagne est aujourd'hui comblée.

Malgré les difficultés de la marche, j'ai le loisir de regarder autour de moi. Nous n'avançons en effet qu'en taillant des marches et, bien que le col de Péteret ne soit guère qu'à cent mètres au-dessous de l'Aiguille, et que l'arête soit relativement régulière, il nous faut plus de deux heures pour descendre à 4010 m. Après quoi nous recommençons à monter, d'abord en continuant à suivre l'arête, puis à gauche dans les rochers qui entourent le plateau de névés du Fresnay.

Le soleil est brûlant, les rochers s'échauffent, il n'y a pas d'eau. Vers trois heures nous faisons halte à 4080 m. pour prendre quelque nourriture.

Dans les courses prolongées, le palais se dessèche, puis s'enflamme quand on boit de l'eau froide. Avaler devient une entreprise ardue et douloureuse. J'avais emporté un gros morceau de lard et beaucoup de poi-

Aiguille Noire — Dames Anglaises — Aiguille Blanche de Péteret.
Vue A. prise du Mont de la Brenva à 3190 m.

P. Gussfeldt, le Mont Blanc.   P.-G. Drehmann, éditeur, Genève.

res, choses qui se mangent facilement et font du bien ; mais les porteurs ont été sans gêne ! Ils ont tout dévoré hier en cachette. Ils sont depuis longtemps rentrés à Courmayeur où ma colère ne saurait les atteindre. Les rochers seuls en reçoivent la décharge.

Il est trois heures et demie de l'aprèsmidi ; nous sommes à moins de sept cents mètres du sommet du Mont Blanc de Courmayeur : Combien de temps faudra-t-il pour l'atteindre ? Cela dépend des conditions de l'arête abandonnée depuis peu mais que nous cherchons à regagner. Si elle nous offre une bonne neige dans le haut, quatre ou cinq heures suffiront ; mais si la neige se change en glace, il faudra six à huit heures. Dans les deux cas la nuit nous surprendra pendant la grimpée.

Marcher de nuit dans de mauvais passages n'est pas chose impossible quand il y a nécessité. J'en ai fait l'expérience avec Rey au Mont Scerscen. Mais on court grand risque, surtout entre 4400 et 4800 m. !

Nous y renonçons et, nous rapprochant de la paroi, nous atteignons un rocher situé à 4250 m., au pied duquel nous bivouaquerons pour la seconde fois sur un sol de pierre recouvert d'éboulis.

Les opérations du bivouac consistent uniquement à poser les sacs et à en tirer les maigres provisions qui nous restent. Ni bois, ni couverture, ni alcool! et treize heures à passer là, de cinq heures du soir à six heures du matin !

Souvent j'ai couché sans feu sur des rochers ; une fois entre autres, dans les Andes, à plus de 5000 m. d'altitude ; mais rarement sans feu ni couvertures. Le charme de la nouveauté ne suffit pas à embellir la situation. Je frissonne d'avance en attendant de grelotter.

Avant le coucher du soleil des nuages blancs montent de la profondeur et cachent par moment l'Aiguille Blanche dont le sommet est à environ neuf cents mètres de nous, en ligne droite, et à cent quarante mètres plus bas. Au zénith et du côté du Mont Blanc le ciel demeure parfaitement pur. Ces nuages me paraissent être la conséquence de la forte chaleur qui sévit dans les vallées. Ils n'annoncent nullement un changement de temps. Mais on n'est pas sûr ! Rey me consulte à ce sujet. Je lui dis mon opinion, tout en me déclarant prêt à reprendre la marche immédiatement.

En cas de mauvais temps notre situation serait en effet plus que précaire. Nous savons bien qu'il y aurait peu d'espoir de retour. A une telle altitude et dans cette région sauvage, comment échapper à l'assaut mortel de la tempête, de la grêle et du froid?

Trois chemins s'offriraient à nous. L'un par l'Aiguille Blanche, l'autre par le plateau du Fresnay et le glacier du Brouillard, le troisième conduisant par l'arête au Mont Blanc. Sur les deux premiers, nous serions condamnés à mort par la mitraille. Sur le dernier, la tempête nous arracherait aux marches taillées ou nous précipiterait dans l'abîme, épuisés de froid.

Avec la nuit tous les nuages se dissipent et le temps se montre de nouveau parfaitement sûr. Pas le plus petit souffle de vent!

Cette obscure clarté qui tombe des étoiles

enveloppe le sublime paysage. Tout est silence autour de nous. Silencieux et sûr, lui aussi, le froid nous envahit.

Mes hommes se comportent admirablement. Cela ne me surprend pas de la part de Rey et de Klucker. Le porteur César lui-même a gagné en bravoure pendant ces vingt-quatre heures et fait preuve d'endurance à l'égal de ses compagnons. Nos provisions sont fortement réduites. Peu nous importe ! Dans ces circonstances exceptionnelles, l'homme semble non seulement se mouvoir par sa propre force mais aussi se nourrir de sa propre substance. Il reste un peu de vin. Nous en sentons à peine le besoin. Aucun de nous heureusement ne souffre de la soif, malgré deux pénibles journées de marche. Le succès joyeusement entrevu chasse à l'arrière plan les exigences du corps. Jamais je n'ai tant souffert et avec autant d'allégresse et de reconnaissance, que dans cette nuit du 15 au 16 août. Ma joie augmente à mesure que le succès me paraît de plus en plus garanti par le beau temps assuré, et que d'autre part je me rends mieux compte du sort qui nous attendrait si nous avions à lutter contre le déchaînement de toutes les puissances de la nature.

A une heure de la nuit, Rey entonne d'une voix claire la « Lisette » de Béranger, qui est devenue notre chant de guerre depuis l'ascension de janvier aux Jorasses. Cette soudaine apparition de l'élément féminin dans notre bivouac glacé nous réchauffe tous, en dépit du froid persistant.

Voici l'aube première! Nous la saluons avec joie. Le terrain étant trop difficile pour nous permettre de marcher à la lanterne, il faut attendre le jour pour partir. Chacun prend un peu de nourriture. Un œuf cru que j'avale, se trouve granulé par le froid comme du champagne frappé. La température n'est cependant que de — 4°, ce qui doit être considéré comme exceptionnellement favorable, étant donné la grande perte de chaleur par rayonnement à cette altitude de 4250 m.

Nous avons encore une bouteille de Champagne, véritable trésor qui est partagé également entre tous. Rien ne pourrait être plus opportun. Ce liquide dissipe l'engourdissement de la nuit et, pleins de courage, nous entamons la laborieuse journée du 16 août.

Elle commence par la grimpée d'un certain nombre de très mauvais passages. Pas question d'accoutumer peu à peu les muscles à un effort croissant. Ces pauvres amis doivent fournir, dès le début, les plus fortes prestations. La respiration en souffre; poitrine et diaphragme sont oppressés par la roideur de la grimpée. Partis vers six heures du matin, nous reprenons, après une forte demi-heure, l'arête de Péteret vers 4320 m., soit quatre cent quarante mètres au-dessous du Mont Blanc de Courmayeur.

Hélas ! point de neige ! L'arête qui se dresse devant nous est faite de glace dure dans laquelle Rey se met aussitôt à tailler des marches. Cet homme est si peu habitué à avoir comme compagnons des guides de sa valeur qu'il prend toujours sur lui ce qu'il y a de plus difficile. La présence de Klucker n'y change rien, bien que nous ayons pu apprécier ses remarquables qualités. Chaque fois que son camarade lui offre de le remplacer, Rey répond toujours : « Oh ! ce n'est pas la peine ! »

A huit heures et demie néanmoins Klucker prit la tête et tailla jusqu'à neuf heures. Nous avions donc employé deux heures et demie pour nous élever de deux cents mètres le long de cette arête de glace, ce qui fait quatre-vingts mètres par heure. Il nous restait encore deux cent cinquante mètres à gravir pour atteindre le sommet. Dans ces conditions et en tenant compte de la fatigue croissante, il nous eût fallu encore cinq ou six heures. Abandonnons donc l'arête et cherchons au petit bonheur un passage vers la gauche dans les rochers !

De nouvelles épreuves nous attendent dans cette voie. La protogine s'écarte de plus en plus de la forme granitique et devient schisteuse. Il y a moins de bonnes prises pour la main et le pied, et la grimpée devient d'autant plus difficile. Cette transformation de la roche s'observe partout dans les hautes régions du Mont Blanc, par exemple : aux Petits Mulets, aux Rochers Rouges et aux Bosses ; sur le versant savoisien ; en somme partout où le rocher est à nu.

Il y a une notable différence dans la grimpée suivant qu'elle s'effectue lorsque les forces sont encore fraîches, ou au contraire après deux bivouacs et deux journées d'une marche sans cesse difficile. La grande altitude est en outre une circonstance aggravante. Alors même qu'à l'état de repos on ne serait que peu ou pas incommodé par la raréfaction de l'air, il en est autrement lorsqu'on est astreint à des efforts exceptionnels. Dans ces conditions, l'organisme se ressent nécessairement de la raréfaction de l'air qui peut déterminer des douleurs dans les muscles et rendre la respiration haletante.

La paroi de rocher est recouverte en partie de verglas, en sorte que les coups de piolet retentissent souvent. Cette partie de l'ascension fut pour tous la plus dure. Nous livrons une rude bataille qui ne pourra être gagnée que si l'énergie et la force de résistance ne faiblissent pas un instant.

Après trois heures et demie employées à gravir deux cent trente mètres, nous approchons enfin du sommet. Klucker taille encore quarante marches dans une arête de glace et, à midi cinquante-cinq, nous sommes sur le Mont Blanc de Courmayeur (4758 m.).

A ce moment nous entendons quelques détonations lointaines. Elles montent du val Véni. C'est l'hôte de la Cantine de la Guérison qui emprunte la voix du canon pour exprimer sa reconnaissance et sa satisfaction. Notre expédition lui a procuré, deux jours durant, de bons petits profits. Des étrangers sont venus en grand nombre de Courmayeur, dans sa cantine, pour nous suivre des yeux au moyen de sa lunette d'approche.

La distance d'eux à nous est d'environ 7500 mètres à vol d'oiseau, et la différence de niveau de 3300 mètres, ce qui donne un angle de perspective d'environ 27 degrés.

Aiguille Blanche de Péteret — Mont Blanc de Courmayeur.

Vue B. prise du Mont de la Brenva à 3190 m.

P. Gussfeldt, le Mont Blanc.   P.-G. Drehmann, éditeur, Genéve.

IV

Le trajet qui nous reste ne présente plus aucune difficulté et le paysage est absolument différent. Nous suivons l'arête de neige entrecoupée ici et là de rochers schisteux qui s'élève insensiblement jusqu'à la Calotte. La chaleur est intense ainsi que l'aveuglante réverbération de la neige. Je marche lentement afin d'arriver frais et dispos au sommet. Quelle différence avec les épreuves de tout à l'heure !

Vers deux heures nous atteignons le point final de notre ascension, la cime proprement dite du Mont Blanc. Alors seulement je me rends compte de l'état d'excitation dans lequel nous avons vécu, et j'éprouve une vive reconnaissance pour le bonheur dont nous avons joui au cours de notre rude entreprise.

Nous avons été pendant bien des heures exposés à des dangers contre lesquels l'expérience et l'habileté ne peuvent rien. C'est ce que j'exprime à MM. A.-M. Marshall et T.-L.

Kesteven, deux alpinistes anglais qui nous attendaient au sommet, ils arrivent de Courmayeur par les Rochers du Mont Blanc et, à la différence de tous leurs devanciers, ils ont atteint le sommet sans toucher l'arête des Bosses. Ces Messieurs nous félicitent et nous abandonnent généreusement, quoiqu'ils aient encore beaucoup de chemin devant eux, tout ce qu'ils ont en fait de vin et de provisions. Ces dons nous sont précieux, tant en eux-mêmes que par la façon cordiale dont ils nous sont offerts. Je ne devais jamais revoir M. Marshall. C'était le célèbre zoologiste de Owen's College, à Manchester. Le 31 décembre de la même année il périt, frappé par une pierre roulante, au Mont Scafel dans le nord de l'Angleterre.

Dangers et angoisse sont maintenant loin derrière nous ! La seule crainte possible, celle d'un changement de temps ou de quelque indisposition, se noie dans la joie présente. Du reste le temps paraît au beau fixe et la santé générale est à souhait. Le paysage aussi est transformé à l'égal de l'état d'âme. A la sauvagerie du versant sud ont succédé les formes paisibles et richement modelées de la région de névés que nous allons traverser.

Notre chemin à partir de la Calotte est aussi facile que possible. Nous avons déjà fait ce même trajet l'an dernier, exactement le même jour, à la même heure, mais en sens inverse. Dans les deux occasions l'air était également pur, mais la première fois il était en mouvement, tandis que maintenant le vent est à peine perceptible et, à quelques pas au-dessous du sommet sur le versant sud, il devient nul ; c'est le calme absolu. Cela est rare au sommet du Mont Blanc où l'on trouve en général une atmosphère agitée et glaciale.

Il fait zéro degré et le soleil d'août se fait sentir avec intensité. Je puis me figurer que je prends un bain de soleil dans quelque coin bien abrité de la rivière. Cela fait du bien après la froidure de la nuit dernière. Quand à la vue que l'on a du sommet, il me suffira de renvoyer le lecteur à mes précédentes descriptions.

Autre contraste ! Le petit plateau qui règne au sommet de la Calotte paraît transformé, ainsi que sa face nord, en un chantier de charpentier actionné par des machines. Le matériel destiné à la construction de l'observatoire du Mont Blanc est épars autour de nous. Ce qui manque encore se monte des Rochers Rouges (4508 m.) au moyen de petits treuils fixés dans la neige. Onze hommes ressemblant à des Esquimaux sont occupés à ce travail.

Quelques semaines plus tard cette coûteuse construction était terminée et se dressait sur sa base mouvante de neige et de glace. Si mes notions sur les mouvements de la glace dans la haute montagne sont justes, l'observatoire doit en tout cas s'enfoncer, à peu près comme un objet quelconque reposant sur un jeu de cartes, quand on retirerait les cartes l'une après l'autre. Mais on ne peut rien dire encore quant à la plus ou moins grande rapidité de cet enfoncement. S'il se produit assez lentement pour que l'on ait le temps d'achever les observations projetées, l'observatoire aura pleinement atteint son but. L'homme le plus vigoureux n'est-il pas enfermé lui-même dans les étroites limites de la vie terrestre ?

Nous descendons sur une large trace, par le chemin des matériaux, jusqu'au refuge des Rochers Rouges, où nous arrivons vers 4 h., accueillis par Frédéric Payot. Il est chargé de la surveillance des ouvriers, et fait la cuisine pour cette étrange colonie qui vient passer

pées de deux longues haltes, nous atteignons
enfin Courmayeur entre huit et neuf heures
du soir.

Il y a quatre-vingt huit heures que nous
n'avons pas posé nos vêtements et nous
avons eu quatre journées de rude labeur et
trois mauvaises nuits. Le dur matelas de
pierre, avec ses bosses et ses angles vifs,
sans parler de la froidure, a banni le sommeil de nos hautes nuitées. L'épaisse chaleur de la cabane a produit le même effet à
une altitude plus grande encore.

On ne peut recourir à une alimentation suffisante pour réparer la dépense de force,
parce que la sensibilité douloureuse de l'estomac enlève l'appétit. Le sang s'échauffe;
l'abondance de la transpiration, la sécheresse
de l'air, le rayonnement à la fois direct et
réfléchi du soleil enlèvent au corps une énorme dose d'humidité qui n'est pas remplacée.
De là, pendant la nuit, une soif ardente et
des frissons.

L'art de la grimpée exige non seulement
de la force, mais encore du discernement,
de l'adresse et surtout de la patience. Quand
on est sur des rochers abrupts, la corde est
un perpétuel trouble-fête qui vous enlève

toute indépendance. Les exigences qui s'imposent à chacun en vue du succès vont en croissant à mesure qu'on avance; il en est de même de la démoralisation en cas d'insuccès. On craint à chaque instant de voir naître cette démoralisation et cette crainte ne vous abandonne qu'à l'instant où la réussite est définitivement assurée.

Au milieu de tout cela il est difficile de ne pas perdre de vue le but essentiel, qui est l'exploration; difficile par conséquent de poursuivre ses observations et de se maintenir dans un état d'esprit qui permette d'en donner plus tard le compte rendu détaillé.

CONCLUSION

Cette dernière expédition est la plus importante de toutes celles que j'ai faites dans les Alpes. Si quelque bonne étoile ne nous eût pas tenu fidèle compagnie, nous étions perdus. Aujourd'hui vient s'ajouter à la satisfaction du succès le charme plus grand encore du souvenir.

Puisse ce livre, être de nature à laisser aussi, au lecteur, quelque souvenir profitable. Ma tâche est finie. A cette heure je constate qu'elle s'est étendue au-delà de mes prévisions. Son noyau d'origine, — quelques mots sur une seule ascension, — a fait comme l'avalanche, entraînant et englobant tout sur son chemin, tout ce qui sommeillait en moi de notions et de souvenirs souvent inconscients. Mais la force motrice, au lieu d'être un torrent dévastateur, a été l'amour de mon sujet, voire même l'admiration et la passion enthousiaste.

Le Mont Blanc trône majestueux et pur dans les airs. Je le contemple en moi comme l'image du sublime et il me semble que cette contemplation bannit toute pensée vile. Je lui ai consacré des heures de réflexion et de souvenir, des heures d'efforts et d'énergie. Il m'en a récompensé cent fois par une moisson de jouissances. Sous le rayonnement de son éclat et sous l'empire de l'enthousiasme qu'il m'a inspiré, j'ai fait un pas en avant dans la voie du progrès intérieur.

Ces esquisses ne sont donc pas seulement une description géographique, elles sont un fragment de biographie. Je crois en effet qu'une description de la nature n'est complète que si l'auteur y joint les impressions personnelles qu'il a ressenties au contact de la nature.

Les choses, décrites objectivement et en soi, demeurent ternes et incolores. C'est notre œil qui leur donne la couleur. Elles sont hors de nous, nous ne les connaissons que par nos impressions. Comment faire abstraction de ces impressions quand il s'agit de décrire non seulement les couleurs, mais encore les formes, leurs combinaisons et les effets d'ensemble que la nature fait naître de

leur mariage ? Que nous est la nature inanimée, si nous nous abstenons de prêter
l'oreille au langage qu'elle tient à l'âme humaine? C'est par là qu'elle devient agissante
et cesse d'être, pour nous, quelque chose
d'étranger et d'étrange à la fois. Dans sa
sauvagerie, nous découvrons des lois im-
muables et souveraines ; ses résistances
suscitent notre énergie, ses merveilles deviennent nos joies.

FIN

EXPLICATION DES VUES

L'Aiguille du Géant et les Jorasses en janvier.
(Page 48.)

Cette vue a été prise du fond de la vallée, au-dessus
de Courmayeur, en janvier 1890. La dent de rocher à
l'extrémité gauche du profil est l'Aiguille du Géant. En
suivant, à droite, on trouve les deux Aiguilles de Rochefort et le Mont Mallet. La partie droite de l'image
est occupée par les Grandes Jorasses. Le Rocher du
Reposoir perce le champ de névé qui monte de gauche
à droite vers le second sommet des Jorasses (sommet
de gauche).

*Le Contrefort de Péteret, du Mont Blanc de Cour-
mayeur à l'Aiguille Noire de Péteret, ru du sud-
ouest (côté du Miage).*
(Page 160.)

La vue a été prise de la paroi de droite au-dessus du
glacier de Miage, non loin de l'Aiguille de Tré-la-Tête,
à 3400 m. Le large sommet de gauche est le Mont
Blanc de Courmayeur d'où part une arête de neige se
dirigeant à gauche vers la Calotte qu'on ne voit pas.
Au-dessous de ce sommet se trouve le commencement
du glacier du Brouillard. L'Aiguille Blanche se détache
peu ; elle est légèrement à gauche du milieu du profil.

L'Aiguille Noire en revanche se voit très bien à droite.
Plus à droite encore, à l'arrière-fond, c'est le Grand
Combin.

Les Rochers Rouges et la Calotte du Mont Blanc.
(Page 208.)

La face nord du Mont Blanc. Par un effet de perspective, les Rochers Rouges qui sont à gauche paraissent plus élevés qu'ils ne le sont, par rapport à la Calotte. En fait ils ont trois cents mètres de moins. Cette
vue est la seule du volume qui n'ait pas été prise par
l'auteur lui-même. De Chamonix on peut voir, sur la
Calotte, l'observatoire Janssen, et sur les Rochers
Rouges, la cabane où nous avons passé la troisième
nuit de notre dernière expédition.

Versant du Mont Blanc du côté de la Brenva.

Les vues A B et C ont été prises de notre bivouac
sur le Mont de la Brenva, à 3190 m. Elles se font suite
de gauche à droite et chevauchent l'une sur l'autre.

Vue A (page 320) A gauche, le sommet de l'Aiguille
Noire; puis les Dames Anglaises. L'arête s'élève de là
à l'Aiguille Blanche. Plus à droite, on voit une partie
de l'arête qui va au Haut col de Péteret. Notre ascension s'est effectuée le long de l'échine qui descend ver-
ticalement du sommet de l'Aiguille Blanche. Du bas de
l'image, à gauche, part une arête qui s'élève vers la
droite jusqu'au sommet d'un champ de neige en forme
de triangle. C'est sur cette arête que nous avons passé
la première nuit.

Vue B (page 328) A gauche, l'Aiguille Blanche, à la droite de laquelle se trouve le Haut col de Péteret. Plus à droite encore, le Mont Blanc de Courmayeur. En bas, à droite, dans l'angle, on voit une partie du glacier de la Brenva.

Vue C (page 304) A gauche, le Mont Blanc de Courmayeur. De là part, vers la droite, une ligne de profil aux contours peu prononcés dont la première éminence, en apparence moins élevée, est la Calotte qui en réalité, dépasse de 54 m. le Mont Blanc de Courmayeur. Les arêtes qui viennent ensuite sont celles qui dominent les Rochers Rouges et le Mur de la Côte; mais ces points, qui appartiennent au versant de Chamonix, sont naturellement invisibles. Le col de la Brenva se trouve à la partie la plus basse du profil. Tout à fait à droite s'élève le Mont Maudit.

NOTICE

SUR LA RÉFECTION DE L'OBSERVATOIRE

de M. Vallot au Mont Blanc[1]

La position de l'observatoire a été reconnue défec-
tueuse. Le champ de neige s'est exhaussé et la construction a été en partie ensevelie. Pour remédier à cet
inconvénient, M. Vallot l'a démolie, et reconstruite en
1898 sur un rocher à pic voisin, avec diverses amélio-
rations qui l'ont rendue plus grande et plus commode.
Sur ce rocher, était déjà construit, depuis 1892, le refuge public que M. Vallot a joint à son observatoire;
ce refuge mesure 5 mètres sur 3 et est divisé en deux
chambres, contenant des matelas et des couvertures.
Il est ouvert gratuitement en toute saison.

Le nouvel observatoire est ancré dans le rocher à
l'aide de tirants en fer qui lui permettent de résister
au vent; il est en bois, à doubles parois, et recouvert
entièrement de feuilles de cuivre qui lui donnent une
grande chaleur. La construction mesure 10 m. de long
sur 6 m. de large; la hauteur est de 4 m. au pignon
et de 2 m. 20 aux angles. Les chambres principales
sont pourvues d'un plafond et surmontées d'un galetas; la hauteur du plafond est de 2 m. 70.

----

[1] M. Vallot a bien voulu nous communiquer cette notice devenue nécessaire en raison des modifications qu'il a apportées
à son observatoire depuis l'époque où le Dr Gussfeldt a rédigé
son ouvrage. (*Trad.*)

La disposition intérieure est la suivante : la cuisine mesurant 5 m. sur 3 m. est à l'entrée et sert de pièce commune aux guides, dont le lit de camp est au fond de la pièce. Elle donne accès sur l'atelier de réparation et sur la salle à manger, pièces de moitié moins grandes. La salle à manger qui sert de salle commune aux observateurs donnent accès dans la chambre-laboratoire du directeur, mesurant 5 m. sur 3 m. et dans la chambre-laboratoire des savants étrangers, qui est de la même dimension et contient deux lits. Le galetas sert à ranger tout ce qui n'est pas d'usage journalier, et la cave permet de conserver la viande fraîche et de loger les provisions de pétrole pour les fourneaux. Des cabinets d'aisance complètent l'aménagement intérieur.

L'observatoire étant construit sur un rocher à pic d'une grande hauteur, ne pourra plus être envahi par la neige. Sa position permet de voir, par ses onze fenêtres, et sans même sortir, toute la région qui s'étend autour. Il est aussi en vue de la nouvelle station météorologique actuellement en construction à Chamonix, qui sera reliée télégraphiquement à l'observatoire l'été prochain. Tout autour du bâtiment s'étend une galerie d'un mètre de large qui permet aux habitants de circuler facilement, protégés par une solide balustrade. A chaque extrémité, se trouve un terre-plein pour les expériences en plein air.

En outre de l'observatoire, le refuge public demeure toujours à la pointe du rocher, à la disposition de tous. Il est aujourd'hui entièrement gratuit.

P. G. Drehmann, libraire Editeur, Genève.